章真◎编著

高效能人士的时间管理艺术

你的时间去哪儿了

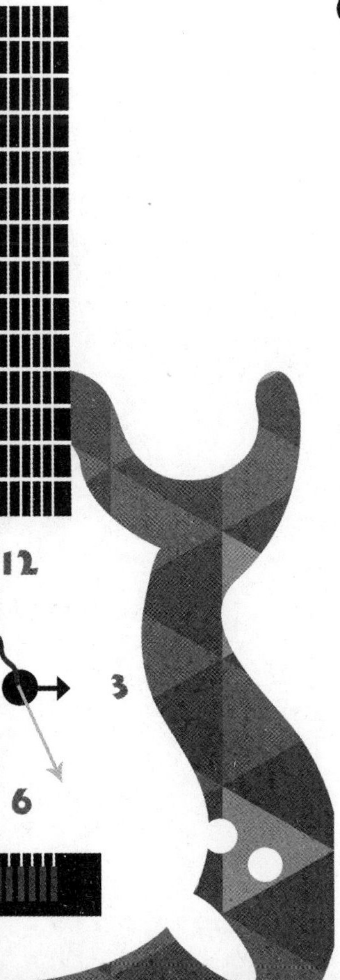

中国商业出版社

图书在版编目（CIP）数据

高效能人士的时间管理艺术 / 章真编著 .—北京：中国商业出版社，2015.9

ISBN 978-7-5044-9087-2

Ⅰ.①高… Ⅱ.①章… Ⅲ.①时间－管理－通俗读物 Ⅳ.① C935-49

中国版本图书馆 CIP 数据核字（2015）第 197475 号

责任编辑：朱丽丽

中国商业出版社出版发行

010-63180647 www.c-cbook.com

（100053北京广安门内报国寺1号）

新华书店总店北京发行所经销

北京毅峰迅捷印刷有限公司印刷

*

710×1000毫米 16开 14印张 221千字

2015年10月第1版 2015年10月第1次印刷

定价：32.00元

* * * *

（如有印装质量问题可更换）

前言

在相同的时代，每一个人都经历从生到死，但每一个人都书写着不同的人生故事。有的人碌碌无为，贫穷一生；有的人叱咤风云，经天纬地；有的人获得了巨额财富，泽被后世；有的人建立了不朽的功勋，青史留名；有的人留下了瑰伟的艺术，光烁古今；有的人创造了华美的篇章，留传万世。为什么在相同的时间之内，人生的道路如此截然不同？人的命运竟会出现如此的天壤之别？

问题的根本在于人们对于人生的掌控、对时间的利用。无数事实证明：要想改变自己的命运，必须先掌控好自己的时间，充分发挥和利用自己的每一分钟，让每一分钟时间都实现价值的最大化。

“时间就像海绵里的水，只要愿挤，总是有的”，可惜在大多数情况下，珍惜时间只是一种美好的愿望，大量的宝贵时间不知不觉中从我们身边流失了。于是我们常常听到有人慨叹：

“我没有时间！”

“时间真不够用！”

……

那么，是谁偷走了我们的时间？该如何摆脱这种被动局面？又该怎样合理安排有限的时间呢？

也许你读过许许多多珍惜时间的故事，可是，本书将告诉你便利的时间管理方法。本书所提供的时间管理方法，为读者提供了各种不同的应对策略，以帮助读者解决上述问题。同时，本书也会帮助读者平衡工作与生活，培养良好的生活习惯，使读者更有活力，从而更快、更好地获得财富。

目录

第三辑 | 立即采取行动，不让拖延浪费了时间

第四辑 | 提高做事效率，充分利用单位时间

第五辑 | 学会统筹兼顾，合理分配时间

第六辑｜制定财富目标，不浪费时间走弯路

第七辑｜时间孵化成功，来一场有价值的守候

第八辑｜抽出时间歇一歇，养好财富的本钱

|第一辑|

时间是最重要的，请珍视生命的每一分钟

时间看不见摸不着，但却是我们生活中最重要的东西。生命由时间构成，财富需要时间去积累，美酒需要时间酿造……时间就像一个魔术师，它会让我们的人生乃至整个世界发生最神奇的变化。时间是造物主赐给我们每个人的珍贵礼物，它亮丽、奇特，充满各种机遇，我们的未来就藏在今天珍贵的时间里。可以说，没有时间就没有人生的一切，所以人们常说“一寸光阴一寸金”。

人生只不过是时间的累积

时间对于每个人来说都是公平的。不论富人或穷人，男人或女人，聪明的或不聪明的，摆在每个人面前的时间，都是每天 24 小时。

但是时间也有不公平的一面，那就是有人懂得珍惜，有人熟视无睹。对时间的挥霍是一种最大的浪费，我们无法找回曾经无意之中浪费掉的哪怕是一分钟的光阴。

如果学会把握时间，追求效率，在适当的时间内做完我们应该做的事情。那么，我们在工作中做的事情就越多，效率也就越高，也就能更好地把握时间。

但是，大部分的人却总是在抱怨时间不够多，事情做不完。其实，没有人真的没有时间，每个人都有足够的时间做必须要做的事情。而富人之所以富有，成功者之所以成功，不是他们有更多的时间，只是他们更善于利用时间而已。

穷忙族只知道埋头苦干，却成就一般。但是，如果充分利用自己的时间和精力，绝对可以获得更大的成功。

富兰克林说："记住，时间就是金钱，如果一个人每天能挣 20 美元，在沙发上消磨了半天，他以为他只损失了 10 美元而已。是这样吗？绝对不是，因为他失掉了他本可以挣得的 10 美元。记住，就钱的本性来说，决不是不能升值的，钱能生钱，而且钱的子孙还会生出更多的子孙。杀死一头生仔的猪，就是灭了它的后裔，它的子孙万代。如果毁掉了10美元的钱，那就是毁掉了它所能产生的一切，也就是说，毁掉了一座美元之山。”

富兰克林的这段名言通俗而又直接地阐述了这样一个道理：如果想成功，必须重视时间的价值。

凡是在事业上有所成就的人，都是惜时如金的人，他们绝对不会在上班时间和他人海阔天空地谈些与工作无关的话，因为这样做实际上是耽误自己的工作，浪费自己的生命，妨碍自己获取财富。

有一次，莫费尔德问爱因斯坦：“明天是星期天，我可以过来和你一起工作吗？”

“为什么不来呢？”

“我想，星期天你可能要休息一下。”

爱因斯坦哈哈大笑说：“星期天上帝也是不休息的。”

一般来说，辛苦工作了一整天，周末休息一下也是应该的，但像爱因斯坦这样献身事业的人，无一不是把星期天当成“工作日”、“学习日”。可见，穷忙族要想积累财富，就应该像爱因斯坦那样利用时间。

时间并不像金钱那样可以让我们随意地存储起来，以备不时之需，如果不能充分利用今日而让时间白白虚度，那么它将一去不返。所谓“今日”正是“昨日”计划中的“明日”，而这个宝贵的“今日”，不久也将消失到遥远的彼方。对于每个人来讲，都必须抓住现在——过去早已逝去，而未来尚未来临。昨天是张作废的支票，明天是未兑现的期票，只有今天才是现金，是有流通性的价值之物。

我们无谓地浪费了很多时间和精力，就是因为我们该做时没有做好。我们本来可以做得更好，但是却到处游荡，浪费时光，做起事情来往往敷衍了事，后来却要花费很多时间来查缺补漏，对待工作也是三心二意，心不在焉，常常一遍又一遍地重做，从来不一次认真把事情做好。

因此，我们虽然忙，但必须紧紧把握住现在，当早上开始工作时，要仔细想一想今天都有什么工作要去完成，该如何去做，怎样做才能高效率地完成。如果我们知道今天的宝贵，就会好好珍惜现在的每一分每一秒。想想每一分钟对你的意义，怎样才能使你的时间过得更有价值。那么，从现在起就努力工作吧。

人生短暂，且行且珍惜

你可能说：我还年轻，我有的是时间……但你千万不要这样说。我们不妨做一个关于生命时间的计算：

假设一个人能活 80 岁，每天睡觉 8 个小时，一生将有 233600 个小时用在睡觉上，大约是 9733 天，合 26 年 7 个月，那么这个人还剩下 53 年零 5 个月的时间做其他的事情。

假设他每天吃早、午饭各用去 30 分钟，吃晚饭用 1 个小时，这样每天用于吃饭的时间就是两个小时，80 年将在吃饭上用掉 58400

个小时，合2433天，相当于6年零7个月，那么还剩下46年零10个月。假设这个人每天用于个人卫生的时间是1个小时，80年又将用掉3年零4个月，这样还剩下43年零6个月的时间。每天用于休闲、娱乐的时间是3个小时，80年将耗掉87600个小时，也就是整整10年的时间。那么这个人还剩下33年零6个月的时间。再假设他每天在上班途中、购物上用的时间为3个小时，80年就意味着另外一个10年的耗费，这样只剩下23年零6个月的时间了。再减去他每年用在旅游、度假、生病等事情上的时间为15天，那么80年就是1200天，也就是3年零3个月，这样还剩下20年零3个月。一个寿命是80岁的人，大约只有20年零3个月的时间用来投身自己喜欢的事业。

所以，一个人一生的时间并不是很多，一寸光阴一寸金，寸金难买寸光阴。所谓的“穷忙族”可能比以往任何人都更忙碌，工作也更辛苦，往往是随意挥霍时间的结果。对时间进行有效控制，或者说有效管理，就会“忙而不穷”。

商界精英鲍伯·费佛的每个工作日里，开始的第一件事，就是将当天要做的事分为三类：第一类是能够带来新生意，增加营业额的工作；第二类是为了维持现有的状态，或使现有状态能够持续下去的工作；第三类是必须去做，但对企业和利润没有任何价值的工作。

在完成所有第一类工作之前，鲍伯·费佛绝不会开始第二类工作，而且在完成第二类工作之前，绝不会着手进行任何第三类的工作。“我一定要在中午之前将第一类工作全部做完。”鲍伯给自己规定，因为他认为上午是自己最清醒、最有建设性的时间。

“我必须坚持养成一种习惯：任何一件事都必须在规定好的几分钟、一天或一个星期内完成。每件事都必须有一个期限。如果坚持这么做，就能努力赶上期限，而不是无休止地拖下去。”鲍伯说这便是期限紧缩的真正价值。

鲍伯·费佛真正做了自己时间的主人，那么又有多少人能做到呢？高尔基曾说过：“人从他出生的那天起，就一天天接近死亡。”人的一生是有限的，时间总是在不断减少和失去，你无法创造，也无法花钱去买。在日常生活中，人们常说自己花了多少时间去做某件事。而实际上，时间恰恰比任何商品都更有价值，它是无价的。

有一次，一位美国商人前往日本谈判，他带了一大堆分析日本人精神及心理的书上路了。

飞机在东京着陆，他受到两位专程前来迎接的日本职员彬彬有礼的接待。他们替他办好一切手续，把他送上一辆豪华轿车，让他一个人坐在宽大的后座上。美国人问：“为什么不一起坐？”

“您是重要人物，我们不应妨碍您休息。”日本人毕恭毕敬地回答。

一种满足感在美国人心中升起。

“先生，您会说日语吗？”日本人问。

“哦，不会，但我带了本字典，希望学学。”

“您是否非得准时乘机回国？我们可以安排送您到机场。”

“安排得真周到！”美国商人乐了，把回程机票掏出来让他们看——哦，准备逗留14天。

现在，日本人已知对方的期限，而美国商人还懵然不知日本人的底细，更不会想到日本人要打什么算盘。

日本人安排来客花一个多星期用于游览，从皇宫到神社全看遍了，甚至还安排他参加一个用英语讲解“禅机”的短训班，据说，这样可让美国商人更好地了解当地的宗教风俗。

每天晚上，日本人让美国商人跪在硬地板上，接受他们殷勤好客的晚宴款待。往往一跪就是 4 个半小时，叫他厌烦透顶却又不得不声声称谢。但只要提出谈判，他们就宽慰说：“时间还多，不忙，不忙……”

第 12 天，谈判终于开始了，然而下午却安排了打高尔夫球。第 13 天，谈判再度开始，但为了出席盛大的欢送宴会，谈判又提早结束了，晚上，美国商人急了。

第 14 天早上，谈判重新开始，当谈到紧要关头时，轿车开来了，往机场去的时间到了。这时，主人和客人只得在汽车开往机场途中商谈关键的条件，就在到达机场前，交易达成了。

谈判的胜负如何？据这位美国商人说：“这次交易是日本人自偷袭珍珠港后的又一次大胜利！”

有效地控制时间才不会像那个美国商人那样让日本人“又一次大胜利”了。时间在悄无声息地流走。朱自清曾写道：“燕子去了有再来的时候，桃花谢了有再开的时候，杨柳枯了有再青的时候……”但时间去了永远也回不来了。每一秒都在飞速流走，吃饭的时候，时间从你的饭碗中溜走；洗脸的时候，时间从流水中飞去；休息的时候，时间大踏步地从你身上跨过，从你脚边飞走。所以，千万不要拖拖拉拉，浪费时间，要尽量减少拖拉的时间，做一些有意义的事情，尤其是那些必须要做的事情。

所以，每个人都应该珍惜每一分钟时间。时间就是生命，时间比金钱更珍贵，金钱只是一种符号，没有了可以通过努力再赚回来，但时间流逝后却不会再回来。只有懂得珍惜每一分钟、善于利用每一分钟时间的人，才会积累属于自己的财富。

时间就是财富

在约见客户的时候，你是否会有这种想法：千万不要误了点；如果有事迟到了，还得和客户说清楚其中的原因。尤其是和你签订单的客户，一定要注意守时，倘若迟到，客户肯定会生气，更可怕的是容易引起对方的误解，以为你没有诚意而取消了订单。——很多人因为没有控制好时间而失去了生意。很多时候，不控制时间就等于流失财富。

所以，不守时浪费的不仅是自己的生命和金钱，同时也是在浪费别人的生命和金钱，因此，我们必须相互控制时间，真正做到讲信誉、重诺言、守时间。因此，不论在生活上或是工作上，忙一点没关系，只要你遵守时间信用，获得财富的几率就会很多。

美国田纳西州有一位秘鲁移民杰克，他在自己的居住地拥有6公顷山林。在美国掀起西部淘金热时，他决定变卖家产举家西迁，但他的好朋友法捷夫却不同意这个决定，他试图尽力劝阻，但没有成功。最后，法捷夫就和杰克说："一年后，如果没有金子，你就回来吧，我们一起努力，把这片山林变成金子，不是更好的事吗？"

杰克沉默了片刻，答应说："好，一年后我一定回来。"

于是，杰克带着变卖家产的钱西迁，在西部买了90公顷土地进行钻探，希望能在那里找到金沙或铁矿。他不分昼夜辛苦地劳作着，可这样过了一年，却什么也没有找到。这时，约好的时间到了，杰克陷入了两难，是回去，还是继续留下？最终他被黄金的欲望迷惑了，没有遵守自己的诺言，继续留在西部里寻找梦想中的黄金。

就这样，一干就是五年，最后还是一无所获，不仅没有找到任何有价值的东西，甚至连家底也折腾光了，到了山穷水尽的地步，他不得不重返田纳西州。

当他回到故地时，发现山林不见了，那儿到处机器轰鸣，工棚林立。原来，被他卖掉的那片山林就是一座金矿，主人正在挖山淘金。杰克听了一下子瘫倒在地。

现实是残酷的！岁月是无情的！杰克失去了一笔巨大的财富，但这一切又怨谁呢？原因就是杰克没有遵守诺言，没有控制好时间。

原来，杰克走后，他朋友法捷夫就开始拼命地挣钱，准备一年后等杰克回来，再把那片山林买回来，可是万万没有想到他的辛勤劳作换来的是一场空，杰克一走就杳无音讯，别说一年不见人影，就是五年后都没有任何回音。在悲痛之际，法捷夫再也无法相信这个老朋友了，眼看着山林中一天天挖出的金子，法捷夫心灰意冷，只好卷起行李远走他乡，去寻找自己的梦想。

杰克的不守时，给自己造成了无法估计的损失。眼看着自己的那片山林变成了一座金矿，他只能后悔莫及，悲痛欲绝，如今这座金矿仍在开采，它就是美国有名的门罗金矿。

杰克丢掉的不仅是一座金矿，最重要的是失去了朋友间最起码的信任，这是用金钱都买不回来的东西。因此，一个人一旦丢掉信任这种属于自己的东西，就有可能失去一座“金矿”——他人的信赖。

在这个世界上，每个人都拥有独特的天赋，每个人都有自己的做人准则，这种天赋、这种准则就像金矿一样，埋藏在我们平淡无奇的生命中，一个人是否能有幸挖到这些“金矿”，关键在于能不能把握好自己的命运，能不能尊重别人的情意，更主要的是能否控制好时间，去经营自己的人生。

在控制自己的约定时间时，也是在尊重别人的时间，只有真正做到守时、守信，才能起到有效控制时间的作用，只要有一方不守信誉，就会导致前功尽弃、无法挽回的局面出现。

时间是衡量事业的标准

培根曾说过："时间是衡量事业的标准。"很多人会问：如何用时间去衡量事业呢？标准是什么呢？其实，标准就在于你管理时间的水平如何。我们在赞叹成功者的成就大小时，实际上是使用了时间的尺度。成功者在有限的时间内，做出了超越常人的贡献，这是他们的伟大所在，我们赞叹爱迪生的伟大，也常常想到他一生中的1000多项科学发明。我们赞叹莎士比亚的伟大，也常常离不开他一生写了600多万字的著作。他们之所以取得如此惊人的成就，其中一个重要的原因就是从不浪费时间。

在荷兰，有一个农村青年，初中毕业后就一个人来到一个小镇，找到了一份给镇政府看门的工作。他在这个门卫的岗位上一直工作了60多年，从没有换过工作。

由于工作太轻闲，他又太年轻，他想打发时间，但他骨子里又不愿意浪费时间。于是，他选择了又费时又费工的打磨镜片当作自己的业余爱好。就这样，他磨呀磨，一磨就是60年。他是那样的专注细致和锲而不舍。他的技术已经超过专业技师了，他磨出的复合镜片的放大倍数，比他们的都要高。

凭着他研磨的镜片，他终于发现了当时科技尚未知晓的另一个广阔的世界——微生物世界。

从此，他声名大振，只有初中文化的他，被授予了巴黎科学院院士的头衔，就连英国女王都到小镇来看他。

创造这个奇迹的小人物，就是科学史上鼎鼎大名的荷兰科学家万·列文虎克，他老老实实地把手头上的每一个玻璃片磨好，用尽毕生的心血，致力于每一个平淡无奇的细节的完善。终于，他在自己的细节里看到了自己的上帝，科学也在他的细节里显现了更广阔的前景。

用60年时间来换取一项伟大的发现，人们都会说："值！"但真正要一个人花上60年的时间来专注某件事情，有几个人能做到呢？一生能做好一件事也并非易事。

成功的人不会浪费时间，他们把点点滴滴的时间都看成是浪费不起的珍贵财富，把人的脑力和体力看成是上苍赐予的珍贵礼物，决不随意地浪费掉。

不少实力雄厚、目光远大、刻苦耐劳的事业家，都是办事迅速，沉默寡言的人。他们说出来的话，句句都是确切而有目的的，他们从不多耗费一点一滴的宝贵时间。

在富兰克林报社前面的商店里，一位犹豫了将近一个小时的男人终于开口问店员："这本书多少钱？"

"1美元。"店员回答。

"1美元？"这人又问，"能不能便宜点？"

"它的价格就是1美元。"除此以外，没有别的回答。

这位顾客又看了一会儿，然后问："富兰克林先生在吗？"

“在，”店员回答，“他在印刷室忙着呢。”

“那好，我要见见他。”这个人坚持一定要见富兰克林。于是，富兰克林就被找了出来。这个人问：“富兰克林先生，这本书你能出的最低价格是多少？”

“1 美元 25 美分。”富兰克林不假思索地回答。

“1 美元 25 美分？你的店员刚才还说 1 美元一本呢！”买书人不解地问道。

“这没错，”富兰克林说，“但是，我情愿倒贴给你 1 美元也不愿意离开我的工作。”

这位顾客惊异了。他心想，算了，结束这场自己引起的争论吧，他说：“好，这样吧，你说这本书最少卖多少钱吧。”

“1 美元 50 美分。”

“又变成 1 美元 50 美分了？你刚才不是还说 1 美元 25 美分吗？”

“对！”富兰克林冷冷地说，“我现在能出的价钱就是 1 美元 50 美分。”

那人默默地把钱放到柜台上，拿起书出去了。

富兰克林也给今天的“穷忙族”上了很好的一课：我们的生命都是有限的，因而时间十分珍贵。对于有志者，时间就是金钱，时间就是成功的砝码，因此，浪费别人的时间就等于谋财害命。我们都应该好好利用自己的时间，也好好珍惜别人的时间。

成功商人最可贵的本领就是与任何人进行往来时都能简捷迅速，这是成功者都拥有的品性，只有认识到时间的重要性，才能竭尽全力防范那些爱饶舌的人，才能把时间变成金钱。

在商业中，能利用最短的时间产生最高效应的人，当首推银行大王摩根。

摩根每天上午9：30来到办公室，下午5：00回家。有人估算过他每分钟的收入是20美元，但他本人认为不只这些，他与人交谈的时间从来都不会超过5分钟。他总是与许多员工在一个办公室里一起工作，这样他可以随时指挥手下的员工，按照他的计划去做事。如果你走进他的办公室，很容易见到他，但是如果你没有重要的事情，他是绝对不会欢迎你的。他能够准确地判断一个人说话的时间，所以他对那些只想找人聊天而耗费工作繁忙人的宝贵时光的人是不能容忍的。

有些人，总想成就大事业，却总管理不好时间，所以难以脱身，这就降低了自己的时间利用率。当你重任在身，不知如何是好时，就必须先停下来，列出详细的工作清单，这时你就会理清头绪，有条不紊地处理很多事情了。换句话说，这是因为接踵而来的任务，弄得你措手不及，在你的心理上投下阴影。那么，当你发现自己在一段时间内只能做一件事情时，为什么不暂时放下其他事情，先做完一件事情，然后再去做下一件事情呢？这样你就不用在许多事情之间疲于奔命，甚至一遍又一遍地不断返工了。如果在工作中学会了“集中优势兵力，各个歼灭”的策略，那么，就不会手忙脚乱，即使有工作压力，也不会降低工作效率，丧失工作乐趣。

生活中最可悲的话语莫过于：“我本来应该”、“我本来能够”、“如果当时我……该多好啊”、“它本来可以这样的”。人生没有“想当初”，生命不是开玩笑，从来就没有假设的说法。人们常常在“我正在考虑”、“我正在准备”、“我正在等待时机”等的借口下，放任岁月流失，浪费时间。

浪费时间是生命中最大的错误，也是最具毁灭性的力量。它往往是绝望的开始，幸福的扼杀者。相反，节约时间则是克服危机，提高效率的利器。

掌握时间管理的要领

从某种意义上说，时间管理就是避免浪费时间。所以，学习时间管理技能，首先要分析你目前的时间使用状况，搞清楚时间是怎样被浪费的。忙乱无章，只能是“穷忙”。人们浪费时间的最常见表现有以下 4 种情况：

1．工作缺乏计划性

工作缺乏计划性的人，经常把时间花在一些无关紧要的事情上，而最应花时间的任务却因时间不够而无法完成。

2．习惯性的拖拉

主要表现为：因工作不能按时完成而拖拉，因做事犹豫不决而拖拉，因过分地追求完美而拖拉。

3．嘴上的时间浪费

例如，热衷于请客吃饭；沉醉于谈天说地；痴迷于煲电话粥；与客户沟通不得要领，啰哩啰嗦，废话连篇。

4．不会拒绝干扰

有些人错误地认为，满足同事、朋友或客户的所有请求，可以取悦他们，从而获得他们的支持。结果是，有求必应，不会拒绝别人的干扰。你不会拒绝，别人有事总来找你帮忙，你不但招架不住，而且你的大量时间也消耗在了别人的事情上。

任何财富都是依靠劳动得来的，但要是不会管理时间，你就只能白白浪费时间，让你的辛苦更多是“空忙”。

一般来说，时间管理包括 3 个核心问题：第一，什么事情是必须做的；第二，如何看待他人；第三，如何对时间实施统筹规划。

对任何一个人而言，都具有人生严肃的一面及品质衡量的角度。因此，每个人对时间管理的认识，所持有的态度与方法各不相同。

时间管理的一个重要准备任务是：了解自己的时间是怎么花掉的。不需要对为什么要这样做出解释，但它可能会被认为是一个简单的任务，认为足够的简单以至于回想一下就可以了。事实上需要强调它的原因也正在于此。我们的想象毕竟是有限的，它不可能触及到每一个问题或每一件事情，因为“想象”和“现实”之间常常有着很大的差异，甚至有时是背道而驰、完全不同的。

值得强调的一点是，为了确保整个时间管理过程的顺利进行，为了了解最新的时间使用情况，时间管理者可能需要不断地重新做记录。

比如，管理者一个月可以抽出一天的时间来专门记录当天时间的使用情况。当然也有的人按照某些时间管理工具的要求，能够坚持每天以 15 分钟为间隔记录时间的使用情况。这样做有它的益处，但是，我们认为这样做或许有点大张旗鼓，将太多时间花在了“磨刀”这个程序上。我们在此特别反对过于频繁地记录时间，因为这样做会带来负面影响，会让人的心里感到来自外界的巨大压力。

很多人之所以对时间管理不得要领，基本上都是对时间管理的第一个关键问题（什么事是必须做的理解）有误。他们把大量的时间花在了那些不是非做不可的事情上。德鲁克在《哈佛商业评论》上，以他的丰富经历非常肯定地对世人说：“我还没有碰到过哪位管理者可以同时处理两个以上的任务，并且仍然保持高效。”因此，对我们来说，最重要的是要让自己清楚地知道什么是重要的、必须做的任务，也就是说，哪一件事情是可以用来衡量自己绩效的标准。因此，问题的解决办法是，找出目前最重要的一件事，然后竭尽全力去做好它。

据说，比尔·盖茨每年会有几周时间处于完全的封闭状态，完全脱离日常事务的烦扰，思考一些对公司、技术非常重要的问题。那么对于管理者而言，最好的方法也就是，在某一天把办公室的门关上，拔掉电话，把所有事情都推到一边，尽可能避免那些小小的麻烦，好好地进行一次自由的思考。

一个成功的时间管理者，他的高明之处在于：能有效地安排好自己的时间，而且还能够有效地遵守工作时间，不让任何计划或时间表变得毫无价值。

遵守工作时间的一项要诀就是，适当安排处理每项工作所需要的时间长度。一般而言，安排的时间太短比时间太长更糟糕。因为这样的话，管理者就必须时刻提醒自己赶上落后的进度，而使实际情况变得比预计情况更糟。

遵守工作时间的另一个要诀是，不要对那些没有预计到的事情立刻做出反应，把处理这些事情所需的时间安排在未来机动的时间表中，将它们看成是其他时间里要做的工作。

让自己养成管理时间的好习惯吧！这样的习惯养成后，你就可以用全新的角度看待生命中的每一秒，不再轻易浪费一点时间，只要是浪费时间的事情，统统拒之门外，你会真正体会到一寸光阴一寸金的意义。

“穷忙族”要学会整理时间

时间是我们拥有的最宝贵的资源，但它无法开拓、积累与取代。不过，人一天的时间都是相同的，只是每个人对待它的心态与结果不同，这主要是人对时间的态度颇为主观。不同经历与不同职务的人，对时间保持着不同的看法，于是在时间的运用上就千差万别了。

时间虽然无法开拓、积累与取代，但我们可以估算出自己有限的时间资本：即使我们活到100岁，真正可以支配的时间最多也就是20几万个小时。但由于实际发生的时间和我们感觉上的时间存在不同，这给我们的“时间计算”造成了一定的难度。比如说，几周的假期一瞬即过，因为有事情可以做。相反，在等待的时候，20分钟却显得尤为漫长。

时间比金钱更有价值，所以我们应该小心谨慎地运用自己的时间。在运用的同时，应该注意到时间也是相对的，例如A时间对应着B时间。

A是某件事情开始前的时间，B是影响这件事情的过程或者结果的时间。一个人对A的掌握或者对B的掌握，都会影响事情的变化，然而怎么才能做好，就要看对A和B的整理了。

这里假设一个人早上9点上班，他A1（6点）时间从家里出发，中途没有堵车，在B1（7点）时间到达，没有迟到并且提前了两个小时，公司没开门，我们可视为A1—B1。

第二天，这个人感觉按照第一天的时间表上班有些早，就把A1时间往后推迟了两个小时，也就是A2时间（8点），但中途堵车，在B1时间的基础上晚了将近一多小时，也就是B2时间（9点到10点之间）。

第三天，这个人又在A1的基础上推迟了一个小时，也就是A3时间（7点）出门，中途虽然堵车但不严重，到达时间比B1时间只晚了一个多小时，也就是B3时间（8点到9点之间）。

表面上从A1到B1来看，这名员工可以算是优秀员工，居然提前两个小时到达公司，虽然门没有开，但给人印象是满意的。那么如果从内在来看，A1到B1这段时间，其实浪费了大量的时间在等待上。

A2到B2这段时间就不再细说了，已经迟到，即使时间再怎么没有浪费，但把上班时间预支到别的地方，别人赞扬，可老板不会。

而A3到B3，把从家到公司之间的时间平均分配，即没有因等待浪费时间，又没因迟到预支时间，两头都留了余地。

不过，A1 到 B1 这种时间安排其实也有好处，例如在等待的时候看看英语书，或者拿出一张纸规划一下一天所要安排的事情等。不同的人，有不同的安排；不同行业的人，也有不同行业的安排，怎样合理地利用时间，就要看你对时间有效安排的能力了。

因此，时间是可以挤出来的，但是在环境的压力下，一般人常会放弃自己职业上应做的事，而去解决一些突发状况或干扰最大的事，结果把生活步调弄得很紧，无形中浪费了很多时间。

有人研究表明，日常行动只规划 60% 左右，对不期而遇的活动规划约 20% 的时间，大约 20% 的时间留给突发性的活动。因此，可以把时间看作一种支出，且是一种昂贵的支出。如果你老是这样想“我太忙了”，那我告诉你：“忙是一种心态”，一种会变成不良习惯的心态。

从现在开始学习管理你的时间，或许这将成为你人生奋斗中最重要的一步。而你读完这本书时，你将发现管理时间也非难事。管理自己的时间，不仅可以让你安排好自己的工作，还可以让你的生活轻松起来。

不规划时间你就是失败者

“唉！工作又没完成”，“唉哟！我怎么又忘了健身”，“我真后悔，一辈子竞一事无成”，我们总会听到这样的叹息声。真想对他们说，为什么这样叹息，怎么不事先规划好自己的时间呢？

世上有许多人忙来忙去，最终只是穷忙，这些人只是埋怨自己命运不好，没有一个好家庭、好工作，感到生活真累。可惜他们不知道怎样利用时间，怎样安排和规划时间，往往使自己的生活不如意。

德拉曾经有过这样一段经历：那是一个晴朗的早晨，当德拉走进办公室看到桌子上一摞摞报表时，感到非常头疼，但迫于工作，只好静下心来，耐心地翻看每一张报表，当看到一半的时候，秘书走进他的办公室说：“副总，一位客商要求见您一面。”他不在意地说：“让他先在客厅等一会儿，我马上就过去。”

当他用大约一杯茶的工夫翻阅完这些报表走进客厅时，看到那位客商正焦急地在客厅里徘徊。于是他满脸堆笑地对客商说：“对不起！我工作太忙，让您久等了。”

客商听到他这句话后，说：“如果你实在没有时间，不如我们改天再谈吧！”于是那位客商走出了客厅。

眼看着到手的生意怎么会一下子就失去了呢？德拉一时感到不解。

第二天，董事长找德拉谈话说："公司决定撤销你的职务，并决定辞退你。因为你不适合本公司的业务要求。"

德拉急着说："怎么回事？我为了公司可没少付出，怎么你的一句话，就把我给辞了呢？"

董事长见他仍然执迷不悟，气急败坏地吼道："你把我 1000 万元的生意给搅黄了，知道吗？"

德拉终于明白其中道理，原来是自己的一句"工作太忙了"惹恼了客商，在客商看来，德拉忙于其他的事，说明他没有在意自己，所以拒绝了和德拉的合作。这时他想起了初来这家公司的时候，在公司的员工须知专栏里有这样一段话："时间至关重要，凡是本公司员工一律遵守时间，任何人不能因故迟到或早退；要按时完成任务；要做好时间安排，哪怕是最小的细节也必须在日程安排中列出来并付诸实施。"

德拉真的没有时间吗？不，而是他没有规划好自己的时间，所以被上公司司给辞退了。

德拉的一句话惹恼了客商，可想而知，不会利用时间是多么可怕。

那些成功的人都很会规划自己的时间，他们守时、准时和省时。他们先设计自己的时间计划，然后再行动，这样就不容易使自己在实现目标时轻易浪费时间了，从而尽快地提高了实现奋斗目标的效益。

规划时间，你也许没有意识到，但你可能无意识地一直在这样做，也就是说，你在规划着你的每一分钟或者每一个小时，也可能是一天。当你睁开惺松的眼睛，首先需要的是看一下墙上的钟表，试着用时间去衡量自己的一切。比如，漱口用5分钟，洗脸用10分钟，吃早点用20分钟，赶往公司的路上需要1个小时。因为你怕迟到被公司罚款，所以你必须规划好时间。这只是一天中的一小部分。

巴西就是一个不懂规划时间的国家，戴手表的巴西人比美国人更少，而且即使戴了表，据说也不太准确。

一个叫鲍伯的人跟巴西的一家飞机制造公司签约，因为巴西人拥有的汽车少，只好坐公交车前往。但鲍伯根本不了解巴西人的习惯。他甚至提前了15分钟，可是巴士司机把车丢在半路，自己却不知去向。这下可把鲍伯急坏了，因为这家公司的总裁要乘飞机去印度考察，前天吃饭时已经跟鲍伯约好了，让鲍伯在9点前赶到，否则这桩1亿多美元的生意就完了。

鲍伯几次想下去找这个巴士司机，可又不知去向。只好坐在车上等了。大约20分钟后，巴士司机才慢慢悠悠地出现了，边走边吃着最后一口三明治，他向乘客说了一句 :“谢谢大家等我。”然后才开车上路，等鲍伯赶到这家公司时，公司里的人说老板实在无法等到他，就急着赶飞机去了，说等老板回来再说吧!

等鲍伯一个星期后再来到这家公司时，公司总裁早已跟别的公司签了约。鲍伯实在感到无奈和愤慨。

所以，不管你多忙，赶快规划自己的时间吧！你可以随心所欲地浪费时间，也可以不去规划时间，但你无法不面对故事中那些不重视规划时间带来的严重后果。

如果不规划时间，只是盲目地去追求自己的目标，你最终也许会走到一片沼泽地，让你终身难以走出令人望而生畏的没有前途的窘境。

学会尊重别人的时间

路易十四说："守时是最大的礼貌。"许多你想打交道的那些精明、成功和有影响力的人士，并没什么"系统"去判断别人和决定买谁的东西，与谁做生意，帮助或信任谁。关键看对方守不守时，珍惜不珍惜时间。如果你不是守时者，别人会对你做负面评价，就不愿意和你合作。遵守时间是一个有助于打动别人的简单方法。

守时就是遵守承诺，按时到达要去的地方，没有例外，没有借口，任何时候都做到。如果你对别人的时间不表示尊重，你就别指望别人会尊重你的时间。如果你对自己的时间不尊重，你就没有影响力、没有道德的力量。守时的人会取得职员、助手、供货商、顾客……每一个人的好感。

诚实守信是一种美好的品德，更是做人的基本原则。近年来，诚实守信在社会上的被重视程度越来越高。

很多人能够认识到诚实信用的重要性，也希望自己能够成为一个有诚信的人。但不少人认为诚信的原则只有在大事中才能体现，而事实上，要做到诚实守信，必须从小事做起。

约会准时是我们最常遇到的诚信问题之一。每逢节假日，朋友约好了出去是常事。事先都会定好时间和地点，可是到了时间后，总会有人迟到甚至不去。“起床晚了”“路上堵车”“车坏了”……迟到者总是有千万条理由搪塞焦急等待着他们的人。更有甚者，参加活动的多数人都已到达，他却迟迟不露面，一个多小时过去了，他打来电话宣称自己“不想去了”，苦等半天的众人此刻的兴致已经扫去了不少。若是有多人也“不想去了”，精心准备的活动也许就此泡汤。参加约会的应该都是交情不错的朋友，对待自己的朋友尚且这样，可见诚信的观念并未深入他们的内心。以如此草率的态度对待朋友间的约定，久而久之，这些人离背信弃义就不远了。其实，若是真的有事情影响你赴约，早一些告诉同行的人就会避免类似的局面出现，而你也算是坚持了诚信的原则，也坚持了守时的原则。

生活中类似的问题还有许多，对于小事不加以重视的我们就这样一次次抛弃了诚信。我们在今后要做的，就是在小事上提高自己的注意力，将诚信的原则渗透到我们生活中的每一个细节。特别需要注意的是，在生活中，我们也许都会有过失信于人的经历，并因此“破罐子破摔”地反复践踏诚信。但实际上，应当以亡羊补牢的态度在今后的生活中努力改变自己失信的习惯。

时间是最公正的消耗品，它不会因权贵、贫贱、俊丑而“短斤少两”。一样的品质，一样的尺度，在它面前人人平等。

时间最珍爱爱惜它的人们。声色犬马、碌碌无为，时间就会从你的身边悄悄溜走；不断学习，充实自己，你就会觉得时间在有意为你放慢步伐。

守时能使人生活不懒散，进而奋发积极；守时是对他人守信，必能获得人和；守时是守法的基本，自能受人尊敬。有时，守时也关系到国家的安危。战国时期，各诸侯国征战不休，连吃败仗的齐景公派田穰苴将军与宠臣庄贾领兵回击。受景公宠爱的庄贾因骄横狂妄，未按约定时间到达军营，田穰苴因此将庄贾就地斩首。由此可知，守时是自古以来，攸关成败安危的关键因素。

守时是社交礼貌：跟别人约好时间，就不能迟到。常有人约会迟到了，就振振有辞地说：因为堵车、因为临时有电话、因为出门前有访客……这些都不是理由，不浪费别人的时间，才是最好的理由。你已经与别人约好了时间，就不能迟到，因为这是失礼的行为，而且在商场上，如果迟到了，必然因此会丧失合作的机会。所以守时是社交礼貌，更是一个人成功的基本素养。

守时是生活的义务：在职场上，上下班要守时，交货、付款要守时，这是职业的基本道德；在生活中，上下飞机、搭乘火车、参加社会活动都要守时，这是国民基本的礼仪；学生上下学要守时，吃饭、睡觉、交作业、交试卷，也要守时，这是应有的学习态度。所以，守时是人的一种义务。

守时是领导的需要：守时，就是惜时，就是对他人及对自己的尊重。一个领导者，要能让部属对他服从，守时是最基本的要件之一。如果领导者上班迟到，开会也迟到，便会让部下对他的言行不信任，甚至于也会对他的能力产生怀疑。所以，守时是领导者的一种需要。

守时是人类的文明：守时是文明进化的产物，愈是先进的国家，对守时的观念愈是注重。俗语说，时间就是金钱，凡事讲求高效率的现代社会，守时已是做人处事、交际往来的重要课题。在分秒必争、讲究服务的今日，守时已是信用、重视顾客以及对他人尊重的行为表现。所以，守时是人类的一种文明表现。

成功的秘诀在于守时，有时间观念是一种信用，更是一个成功者要遵守的法则。

珍惜时间，赢得财富

如果你想让自己的价值得到最大限度的发挥，就应该学会利用时间来换取属于自己的成功。

每一个成功者往往都具有这样一个好习惯：善用时间。

在实际生活和工作中，不管我们多么讲求效率，总会有事情让我们等待：可能错过公车、地铁、飞机，碰上出其不意的中途休息；也许已经尽可能小心地计划了每一件事，但我们还是可能会意外地被困在车站、机场，平白无故的多了三个小时的等待时间。成功人士在这些情况下所做的事是：带本书看看，写点东西，修改一下报告。他们可以在这样的时间里做很多工作。这种习惯不但挖掘出了隐藏的可利用的时间，而且也向高标准生存境界迈进了一步。

其实，生活中有很多零散的时间是可利用的，如果我们能积零为整，那我们的学习和生活将会更加轻松。

诺贝尔奖获得者雷曼说："每天要不浪费或不虚度或不空抛剩余的那一点时间，即使只有五六分钟，如果利用起来，也一样可以有很大的成就。"把时间积零为整，精心使用，这正是古今中外很多成功人士取得辉煌成就的奥妙之一，也是我们应该从他们身上学到的优点之一。

比如，我们每天清晨漫步校园或骑车上学、上班的路上，都可看到许多边跑边听外语广播的年轻人，可以说他们懂得了充分利用时间的奥秘。许多人认为，看原版电影，既可学习外语，又是较好的娱乐方式，这确可说是“一心二用”的例子。会“一心二用”的人等于比别人有多一倍的生命和机会。

我们常常强调“聚精会神”、“专心致志”，其实这和“一心二用”并不矛盾。表面上看起来，好像应该是集中精力于某件事情上做事才会有效，可是在信息爆炸的时代，要全面掌握信息并能融会贯通、赶上潮流，我们必须在自己身边广布天线，随时接受社会的动态信息，尽可能运用有限的时间多做事情。

日常生活中有些事情是我们必须做的，有些是不必做的，有些则是可做可不做的，还有很多事情是不愿意去做的。所以有些时候，要学会拒绝，养成珍惜有限时间的习惯。

要想充分利用时间还要注意一点：减少对别人的不必要承诺，不论是对朋友还是家人。如果别人的邀请对我们来说没有意义，纯粹是浪费时间，那就应该礼貌而断然地拒绝。

学会拒绝，会让我们赢得时间让自己从事必要的事情。

不但学会拒绝，有些没必要参加的团体活动也需退出。很多人有这样的经历：从大学开始，身边会不断有人劝自己加入各种各样的团体，久而久之，自己会发现许多团体活动毫无意义，并且会影响自己的工作和学习，此外还会有一大堆会员的义务和责任套在自己头上，让自己喘不上气来，对这类团体活动，要坚决退出来。

日常生活中，点点滴滴的杂事或不良生活习惯也会偷去我们不少时间，如没完没了地看电视、与人聊天等，这会让我们失去大量的时间。

有时候虽然我们应该停下一切工作来休息一下，但休息并不一定意味着什么都不做，最好的休息是把工作的性质变动一下。

若论工作量，很少有人能超过英文《圣经·新约》的翻译者詹姆斯·莫法特。据他的一位朋友说，莫氏的书房里有三张桌子，一张摆着他正在翻译的《圣经》译稿；一张摆的是一篇论文的原稿；在第三张桌子上，是他正在写的一篇侦探小说。

莫氏的休息方法就是从一张书桌移到另一张书桌，继续工作。

疲劳常常只是厌倦的结果，要消除这种疲劳，不必非要停止工作，可以尝试变换一下工作的内容。如写作累了就躺在床上看点书，或到室外锻炼锻炼等。总之，养成珍惜时间的习惯就如给自己储蓄金钱一样，它会让我们越来越富有。

|第二辑|

挤出你的时间，你的一天会比别人长

财富是忙出来的，付出的多得到的就多。我们必须学会做“忙一族”：多加一会儿班，就会多一份薪水；多做一件事，就会向成功迈进一步……这样，一个人才会逐渐“忙而不穷”。但我们经常会听人说：“我事情太多，没有时间了……”其实，不是你没有时间，而是你不会挤出时间来。鲁迅说过：“时间就像海绵里的水，只要愿挤，总还是有的。”所以“忙一族”要是不懂得挤出时间去忙出成功，就只能永远做“穷忙族”。

看看是谁偷走了你的时间

美国著名的管理大师杜拉克说道：“不能掌控时间，便什么也不能掌控，时间是世界上最短缺的资源，除非严加掌控，否则就会一事无成。”

然而日常生活中，许多人面对时间的流逝竟然无动于衷，或者说毫无办法，因为他们根本不明白是谁偷走了他们的时间。其实，只要稍加分析，我们很容易发现盗用自己时间最多的人正是我们自己。下面这几种行为司空见惯，但正是这些行为耗费了我们大量宝贵的时间。

首先是纯粹消遣性地放纵自己，做一些对自己没多大意义的事。给自己买顶新帽子或新领带，或者是读一本新书；打高尔夫球，晒太阳发呆；看电影；把整个星期天全部用在睡觉、洗澡和打扮自己上。

其次是并不必要的大量的社交活动。拜访其他人；跟人随便闲聊；煲电话粥；用很长的时间喝咖啡，延长午饭时间，去参加陌生人的鸡尾酒会或者去购物。

再次是漫无目的地阅读。阅读那些过期了但还没来得及读的杂志，随便翻翻那些其实根本不值得读的资料；百无聊赖地翻阅各种报纸，或者拿出一堆“本月图书俱乐部”的推荐读物。

毫无疑问，在阅读、社会交往或漫无目的地阅读中，时间在大量流逝。虽然每一个人都明白“寸金难买寸光阴”的道理，但在实际工作中，却很少有人对时间的流逝深感痛惜，甚至于常常对时间的浪费视若无睹。如果我们能够站在珍惜和把握自己生命的高度来看待下面这些行为，对于改变自己的命运，更快地实现成功是不无裨益的。

1. 经常做白日梦

在工作中精力不集中，一边工作一边计划如何度过周末，为那些还没到来的工作操心；想着自己提升后工资会增加多少和怎么花掉这笔钱；反复琢磨自己在昨天聚会时讲的那个笑话。有的人对过去犯过的错误和失去的机会惋惜不已或老是想着白日梦；也有的成天空想未来，这两种心境都是非常浪费时间的。

几乎每一个人都不同程度地存在这种浪费时间的行为，这种行为一旦形成一种习惯，就会对自己的工作效率产生极大的影响。要想改掉这种习惯，首先要为自己的工作和生活划一条清晰的界线：在工作时间，必须保证对工作全身心投入。工作之外，应该尽情地享受生活，充分休息，处理好自己各方面的生活问题。

2. 总是在找东西

许多人在工作中总是在找东西，甚至为此忙得不亦乐乎。美国通过对 100 家大公司职员的调查，发现了一个惊人的结果：公司职员每年都要把 7 周甚至是更长的时间浪费在从杂乱无章的资料里寻找需要的东西。这就意味着他们每年要因此损失掉至少 10% 的时间。

这就要求我们每个人将东西区分为有用和无用两种；其次，将不用的东西统统扔掉；最后，将不扔掉的东西分门别类地保管。

3．工作总是被突发事件打断，思维断断续续

根据研究发现，造成管理职员浪费时间最多的是干活断断续续的工作方式。因为每一次的重新开始，都需要花时间调整大脑活动及注意力，并且经过一段时间的停顿才能接下去干，所以，这是最浪费时间的普遍情况。

这就要求我们在工作之前就必须首先明确自己今天该干什么。其次是推掉与所干工作无关的任何活动。另外，要事前有所准备，利用好偶发的延误，把本来会失去的时间化为有用的时间，或者利用其他时间来完成其他事项。

4．对工作消极怠工、毫无激情，办事拖拖拉拉

悲观消极的情绪，完全可以使人失去干劲，工作效率下降。对人怀有戒心、妒忌、明争暗斗、愤怒及其他消极情绪都会使工作几乎很难做好。面对堆积如山的工作感到非常的厌恶，几乎没有一点快速完成它们的欲望，工作表现懒懒散散。

还有的人总是花许多时间思考要做的事，担心这个担心那个，找借口推迟行动，又为没有完成任务而悔恨，最终，本来能完成的任务不得不转入到下一个工作日里。

要克服这些恶习，首先必须进行自我心理调适，培养积极心态；其次要学会使用日程安排表，每天强迫自己及早开始行动，用积极的行动来带动自己的情绪。另外，尽量不要在家里办公，因为家庭是生活的地方，不是工作的地方，在自己生活的空间里，很难专心地做好自己的工作。

总而言之，时间管理是事业成功的关键。一个人能否取得丰厚的财富，做好时间管理至关重要。

最大限度利用空闲时间

经常听到有人说："等我闲下来再做"，"等我手上没什么重要事情的时候再做"。但事实上，他们是将"空"的时间与"闲"的时间混淆了。他们可以在高尔夫球场上，悠闲地挥舞着球棍，在游泳池边尽情玩乐，但就是没有"空"的时间。

著名的麦肯锡公司曾做过一个调查，清晰地向世人展示了人们空闲时间的秘密。这份抽样调查表明：美国城市居民每周平均每日工作时间为 5 小时 1 分钟；个人生活必需时间为 10 小时 42 分钟；家务劳动时间为 2 小时 21 分钟；闲暇时间为 6 小时 6 分钟。4 类活动时间分别占总时间的 21%、44%、10% 和 25%。每一天，人们就是这样度过的。10 年来，人们的闲暇时间增加了 69 分钟，闲暇时间占到一个人生命的 1/3。中国人在电视机前的时间每天是 3 小时 38 分钟，打发掉自己一半的闲暇时光，而日本人、美国人每天看电视的时间则分别为 1 小时 37 分钟和 2 小时 14 分钟。

这个调查还显示，本科以上高学历者的终生工作时间是低学历者的 3 倍，平均日学习时间为 50 分钟，收入是低学历者收入的 6 倍以上。由此可见，学历越高，越重视时间的利用，越能赚取财富。

许多人都认为，人与人之间之所以有穷有富，完全是因为环境、机遇、能力及性格等方面的差异造成的。然而，正如著名的物理学家爱因斯坦所说，“人的差异在于利用空闲时间”。

古今中外，凡在事业上有所成就的人，都有一个成功的诀窍：变等待为行动。他们中没有一个人喜爱清闲，贪图安逸。

澳大利亚著名生物学家亚蒂斯，不仅用他智慧的头脑和宝贵的时间，为人类成功地发现了第三种血细胞而且赋予了空闲时间以生命的神奇。他十分珍惜自己有限的时间，他为自己定下了一个制度，睡觉之前必须读15分钟的书。不管忙碌到多晚，哪怕是清晨两三点钟，他进入卧室以后也一定要读15分钟的书才肯入睡。这个制度他整整坚持了半个世纪之久，共读了8235万字、1098本书，医学专家最终变成了文学研究家。

通过充分利用每一分钟的空闲时间，我们每个人都可以从根本上改变自己的命运。虽然每个人因为职业的不同、习惯的不同、空闲时间的多少也就不同，但主要的空闲时间大同小异。

不少人习惯于上下班时呆视车外流动的景色、放飞思想做白日梦，或是漫无目的地随便翻阅报刊杂志、收听电台广播……其实，这些做法都是对时间缺乏计划的一种表现。对于一个渴望成功的人来说，倘若这些举动都是出自惯性的，那么这一段时间里，你的收获将极为细微。但如果你是十分有计划地运用这一段时间，那么你的收获可能会变得更大些。

享有盛名的“奥林匹克科学院”，经常利用晚上休息的时间举行聚会。与会者总是手捧茶杯，边饮茶，边议论，后来相继问世的许多科学创见，有不少就产生于饮茶之余。

高效率的玛尔扎特通常在他的电话机旁边放一叠阅读资料，这样每次在等对方接电话时他就可以随便翻阅。

一位必须在机场花很多时间的业务员说："每次在下飞机去领行李的路上，我就停下来给我的客户打电话，等我结束通话时，行李也已经出来了。只要你用心，任何时间都不会被浪费掉的。"

众所周知，霍桑一生从事着非常枯燥单调的工作，他在马萨诸塞州萨勒姆市海关部门工作了许多年，在那期间利用自己的空闲时间写出了4部小说，其中包括后来成为经典的《红字》。

实际上，在我们的生活和工作中，有不少时间是用来等待的。每个人因为等待而浪费的时间，可以用数以万计来说明。

事实证明，信息化的社会里，市场竞争非常激烈，时间就是金钱，知识就是生命。为了获得更大的成功，人们势必要不断地压缩、挤占业余的空闲时间。少年得志的搜狐总裁张朝阳说："我只是一个平凡人，我没有发现自己与别人有什么大的不同。如果说有不同，那就是我每天平均除了7个小时睡觉外，其他时间都在工作。"我们可以毫不含糊地说，别人能够做到的，我们经过努力也会做到。因此，从今天起，从现在起，好好利用自己的空闲时间吧！相信只要做到了，自己同样可以取得成功。

把各种闲散时间挤出来

时间是双重性格的东西，最长也最短，最快也最慢，最小也最大。人们很乐意把时间用在下棋、聊天等这样的事情上。但假如有人提议把这些时间用于学习时，他们便会立即反对："我哪有时间学习，我都快忙死了……"用这样的话来搪塞。

伟大的文学家、思想家鲁迅先生就曾说过："哪里有天才，我只是把别人喝咖啡的时间用在了学习上。"真可谓一语道破天机。正是因为把各种闲散时间挤出来于学习，把学习作为第一需要，成功者才能取得成功。

如果能毫不拖延地充分利用极短的时间，就能积少成多地拥有自己所需要的长时间。

时间像是海绵，要靠一点一点挤；时间更像边角料，要学会合理利用。一点一滴的累积，便会得到长长的时间，而如果你因为它只有一点便忽略它的话，时间便会悄悄地从你身边溜走了。

让我们来看看法国作家巴尔扎克的作息时间表：

8：00 ～ 17：00，除早午餐外，校对修改作品清样。

17：00 ～ 20：00，晚餐之后外出办理出版事务，或走访一位贵夫人，或进古玩店过把瘾——寻求一件珍贵的摆设或一幅古画。

20：00，就寝。

0：00～8：00，写作，夜半准时起床，一直写到天亮。

这位每天只睡4个小时的文学巨匠，摈弃了巴黎的喧嚣与繁华，一个人静夜独坐，手握鹅毛笔管，蘸着心血和灵感，写出了96部小说，演绎了一部《人间喜剧》。勤奋惜时的巴尔扎克虽只活了51岁，但他的作品却流芳百世。

那些伟大的人，有进取心、有紧迫感的人，无不把时间抓得紧紧的，一时一刻也不敢懈怠。而当一个人感受到生活中有一种力量驱使翱翔时，他是不会爬行的。盛田昭夫说："如果你每天落后别人半步，1年后就是182步，10年后即十万八千里。"

在贝尔研制电话时，另一个叫格雷的人也在研究。两人同时取得突破。但贝尔在专利局申请专利比格雷早了两个钟头。当然，他们当时是不知道对方的，但贝尔就因为提前这120分钟而一举成名，誉满天下，同时也获得了巨大的财富。

时间是成功者进步的阶梯，是成功者的资本，想要有成功的人生，就必须把握零碎的时间。

如果你从家到学校10分钟路程，记住一个英语单词绰绰有余。最要紧的还不是背会了单词，而是养成了珍惜时间的习惯。只有珍惜零碎时间的人，才会真正珍惜大段时间，浪费时间跟浪费钱财一样，都是从小数目开始的。

富兰克林为自己拟出了13条目标，在"计划管理"目标中，他为自己制定了一套时间上的财务制度：花时间之前先进行“财政预算”；尔后随时“记账”、“查账”。过了一段时间之后，在专用的“账单”上记下那段时间的使用情况，进行一下“成本核算”，看看收获与支出是否平衡。

苏联生物学家柳比歇夫安排时间的精确、严格，更令人叹为观止。他每晚都统计时间的利用情况，月有小结，年底有总结。自1916年元旦即他26岁那一天宣誓起，直到1972年逝世的那一天，56年如一日，一丝不苟地记录每天时间的支出情况。有一次，他计划完成中心工作（写作、研究）和例行工作（看参考书、做笔记、写信）一共用570个小时，实际用去了564.5个小时，误差仅为1%。

科学幻想之父、法国作家儒勒·凡尔纳的著名幻想小说《海底两万里》，就是在航海旅途中写成的。奥地利的大音乐家莫扎特，连理发时也考虑创作乐曲，常常一理好发，就赶快把构思出的新乐曲迅速记下来。他常说：“谁同我一样用功，就会同我一样成功。”

一位上海青年，曾是街道房屋修建队的小木匠，他从补习中学课程开始，达到学完大学数学课程，达到用英、德、日、法、俄5国文字阅读数学文献的水平。他利用零碎时间学习，每学完1小时，就在本子上画一条短线，学满5小时，写一个正字……终于被破格录取为研究生，1987年又赴法国深造。

所以，要在有限的时间内，做尽可能多的事情，就要学会“挤”时间。挤时间主要有以下7种办法：

1．以时换时法

计划用于学习的时间不够时，可以从休息娱乐的活动中挤出一些时间来，但此法限于特殊情况，不可常用。

2．以人替时法

有些事可以请他人代劳，就不必事必躬亲。

3．以物省时法

运用电话、录音机、复印机、计算机等工具来节省时间。

4．以钱购时法

出门坐快车、飞机，请人誊稿子等。

5．集零为整法

在某种活动进行时，穿插些别的事，散步背单词，等车看书等，聚沙成塔，集腋成裘。

6．取消法

那些可做可不做的事情，那些纯属浪费时间的事情，那些不做不会有什么影响的事情，统统取消。如看电视、闲聊、过于广泛的兴趣、过于广泛的交友，要知道“有所不为，才能有所为”。

7．统筹合并法

把能够合并起来的事情，尽量合并起来办，一举两得，两全其美。

找出隐蔽时间并加以利用

尽管你每天忙个不停，假如你没有时间管理的概念，你可能每天至少有两个小时的时间白白地浪费掉——这是很多人都没有发现的时间，也叫隐蔽时间。隐蔽时间看起来不起眼，可是你不妨算一算，一天浪费两个小时，一个月就是 60 个小时，一年就是 700 多个小时，10 年呢？ 30 年呢？积累起来就是一个庞大的时间群体。如果你能够善加利用这个庞大的时间群体，并坚持不懈地努力，就可以完成一项大事业。

那么，什么是隐蔽时间呢？比如：在上班的路上，等车的时候，你经常会看到一些人手拿报纸或杂志甚至在用笔写写画画，你一定会认为这些人装模作样。其实并不是你想象的那样，他们是在利用隐蔽时间。

你也许会抱怨时间不够用或者认为时间过得真快，如果你找出隐蔽时间，并把它们合理地安排到你的学习中去，这对你实现你的目标，将会起到很大的作用。

一些高效能人士都是利用隐蔽时间并坚持不懈，帮助自己提高了工作效率。

安妮·李思是一家公司的总裁助理，以前是这家公司的一个小小办事员，本来那时工作就十分紧张，可是最后总裁又安排了一项新的任务——帮助总裁处理一些公文信函，为了给总裁留下好印象，同时也为了锻炼自己，她毫不犹豫地接受了这个工作。

一开始，她总是完不成任务，并且忙得不可开交，丢三落四的烦恼总是与她形影不离。于是她改变了以前的工作方法，白天在公司里办公，下班时她把这些信件带回去处理，利用等车、坐车、饭前、饭后这些时间把大部分没用的信件处理掉，这样一来，她的工作效率很快提高了，不仅顺利完成了本职工作，而且利用在别人眼里无所谓的时间完成了新的任务。

由于她工作出色，受到了总裁的表扬，第二年就被提拔为总裁助理。虽然职位改变了，可是她利用时间的习惯并没有改变。她认为：做任何事都要有一种持之以恒的精神，这样才能把每一件事做好，哪怕是自己不愿意干的事。

安妮·李思找出隐蔽时间并坚持不懈地利用下去，出色地完成了总裁交给她的任务，不仅提高了自己的工作效率，而且受到了总裁的表扬，使自己的地位有了提高。

时间就是金钱，时间就是生命。在你的生命里能有多少时间是属于你的，所以说，要想实现自己的人生价值，就必须抓紧时间，哪怕是一分一秒也不能错过，这样长久地下去，你的学习、工作、生活就会有一个很大的提高。

安妮·李思当上了公司的总裁助理后，她仍然坚持利用隐蔽时间来完成自己的工作。一次，公司派她到日本参加产品交易会。当她坐飞机来到日本的广岛时，天色已很晚，但广岛的城市仍然像白天一样，各种霓虹灯照亮了整个广岛上空，道路两旁的各种广告在霓虹灯的闪动下，显得五彩缤纷。在赶往宾馆时的路上，她一边听着司机喋喋不休地介绍，一边欣赏着广岛的夜景。其实她哪有心思去欣赏夜景，她是在欣赏各种各样的广告。

当汽车快要拐弯时，她猛然叫道："快停车！把车停下来！"司机听到她的喊声，急忙踩下刹车，安妮·李思要不是双手抚着前面的座，差点出现意外事故。当司机把车停稳后，并问她是怎么回事时，她早已跳下车，向对面的一幅广告跑去。司机一头雾水，急忙关好车门也跟着她跑向了对面。当司机来到她的身边时，问她发生了什么事？安妮·李思只说了一句话："没什么，我看到了这则广告！"便又专心致志地看起了广告。

到达宾馆时，已是深夜，各餐厅、小吃店都已关门，她只好饿着肚皮挨到天亮。太阳刚刚露出笑脸，安妮·李思已乘车赶到了那家做广告的公司，这是一家汽车翻新公司，因长时间没有一种好的油漆给旧车喷刷，所以顾客对这家公司不感兴趣，为了使顾客满意，他们便利用出入机场的外国人很多这个机会，在道路两旁做起了广告。安妮·李思找到这家公司老板，并说明来意，这位老板对她很有兴趣，并答应可以试用安妮·李思的产品。试用效果果然不错，不仅颜色亮泽，同时还具有耐老化的性能，最终同安妮·李思签订了100万美元的供需合同。安妮·李思在产品交易会上也同各地厂商签订了合同。

当安妮·李思带着自己的丰硕成果回到公司时，受到了总裁的重奖——福特跑车一辆。

安妮·李思就是这样坚持不懈地利用隐蔽时间给自己带来了荣

誉、地位和奖赏，同时也提高了自己的办事效率。

当你读到这里时，不知你有何感想，你还认为那些在公共汽车上读书看报的人是装模作样吗？甚至还会觉得这些人愚蠢吗？他们并不是装模作样，也不是愚蠢，他们是利用隐蔽时间增长自己的知识，他们正是利用对你来说是无所谓的时间为更快实现自己的目标而奋斗。正是这些隐蔽时间使他们生活幸福，取得成功。

只要你把这些隐蔽时间充分利用起来，并坚持不懈地努力下去，那么，在不远的将来你就是富有的人。

找到“拉长”时间的关键

一天 24 个小时，你可以将其变成 25 个小时吗？时间可以拉长吗？答案是肯定的，但时间只是相对地拉长：和别人相比，在 24 个小时内，我们可以挤出时间做别人 25 个小时才能做的事。那么，如何去“拉长”时间呢？这里，我们整理了“拉长”时间的 15 个关键。

1. 设立明确的目标，可以“拉长”时间

整理时间的目的是让你在最短时间内实现更多你想要实现的目标。把今年的 4 到 10 个目标写出来，找出一个核心目标，并依次排列重要性，然后依照目标设定一些详细的计划，关键就是依照计划进行，这样就可以“拉长”时间。

2．列一张年度目标总清单，并进行目标切割

（1）年度目标切割成季度目标，明确每一季度要做哪些事情；

（2）季度目标切割成月目标，并在每月初重新再列一遍，碰到突发事件而更改目标的情形便及时调整过来；

（3）每一个星期天，把下周要完成的每件事列出来；

（4）每天晚上把第二天要做的事情列出来。

3．20/80 定律

用 80% 的时间来做 20% 最重要的事情，因此一定要了解，对自己来说，哪些事情是最重要的，是最有生产力的。工作中有所谓紧急的事情、重要的事情，然而到底应做哪些事情？当然首先要做的一定是紧急又重要的事情，通常都是一些突发困扰、灾难、迫不及待要解决的问题。当你天天处理这些事情时，表示你时间整理得并不理想。成功者花最多时间做最重要但不紧急的事情，这些都是所谓的高生产力的事情。然而一般人都是做紧急但不重要的事。你必须学会如何把重要的事情变得很紧急，你就能立刻开始做高生产力的事情了。

4．每天至少要有半小时到 1 个小时的“不被干扰”时间

假如你能有一个小时完全不受任何人干扰，自己关在房间里面，思考一些事情，或是做一些你认为最重要的事情。这一个小时可以抵过你一天的工作效率，甚至有时候这一小时比你三天工作的效率还要好。

5．明确自己的价值观

你一定要确立你个人的价值观，假如价值观不明确，你就很难知道什么对你最重要，时间分配一定不好。时间整理的重点不在管理时间，而在于如何分配时间。你永远没有时间做每件事，但你永

远有时间做对你来说最重要的事。

6．每一分钟每一秒钟都做最有效率的事情

你必须思考一下要做好一份工作，到底哪几件事情对你是最有效率的，列下来，分配时间做好它们。

7．要充分地授权

列出你目前生活中所有觉得可以授权的事情，把它们写下来，然后找适当的人来授权，这样效率会比较好。

8．做好“时间日志”

你花了多少时间在哪些事情上，把它们详细地记录下来，每天早上刷牙、吃早饭的时间，出门搭车的时间，出去拜访客户的时间，等等。这样，你就会发现浪费了哪些时间。当你找到浪费时间的根源，你才有办法改变。

9．时间大于金钱

用你的金钱去换取别人的成功经验，一定要跟顶尖人士学习。千万要仔细选择你所接触的对象，因为这会节省你很多时间。

10．做好心理建设

要把时间整理好，要先做自我心理建设。首先，要有把事情做好、把时间整理好的强烈欲望。其次，要明确时间整理的目标是什么，进而不断实践。时间整理是一种技巧，观念与行为有一段差距，必须经常地去演练，才能养成良好的习惯。最后，要下定决心持续学习，直到能运用自如。

11．改变对时间的态度

时间比金钱还重要。只有把时间整理好，才能够达成自我理想，建立自我形象，进一步提升自我价值。每个人都应把自己当成一个时间整理的门外汉而不断努力地学习。若能每天节省 2 个小时，一周就至少能节省10个小时，一年节省500个小时，则你的生产力就能提高25%以上。每一个人皆拥有一天24小时，而成功的人单位时间的生产力则明显地较一般人高。

12．获得成就感

引起节约时间动机的关键就是成就感。要成就一件事情，一定要以目标为导向，才能把事情做好。把握“现在”，专注于“今天”，每一分每一秒都要好好把握。时间整理得好，能让人更满足、更快乐、赚取更多的财富，自我价值亦更高。

13．整洁与规划

保持整洁能够提升我们的自我价值、自我形象以及自我尊严。例如，将桌面保持整洁、做完事立即归档、做事只经手一次等。没有效果或者效果不大的数据，坚决丢掉！

14．设定优先级

每个人每天都有非常多的事情要做，但根据80/20原理，在日常工作中，20%的事情可以决定80%的成果。将事情依据紧急、不紧急、重要、不重要分为4大类，一般人每天习惯于应付很多紧急且重要的事，但接下来会去做一些看来紧急其实不太重要的事，整天不知在忙什么。其实最重要的是要去做重要但是看起来不紧急的事，若你不优先去做，那你的目标将不易达成。设定优先次序，可将事情区分为5类：A=必须做的事情；B=应该做的事情；C=量力而为的事情；D=可以委托别人去做的事情；E=应该删除的事情。最好大部分的时间都在做A类及B类的事。忘掉过去种种，而努力于未来。专注于目前的机会，努力去把握，真正的成功本身就是一种态度。

15. 成功的关键

（1）有毅力、有耐心地持续工作，直到完成；

（2）做完工作，给自己适度的报酬与奖励；

（3）花 1 分钟时间规划，可节省 4 分钟的执行时间；

（4）有组织地复习数据系统。

总之，对于时间的有效整理，一方面让我们摆脱了大量模式化的枯燥工作，另一方面能为我们省出较多的自由支配时间，有助于我们进行更多清晰的、有创造性的思考，从而提高我们的学习效率和学习兴趣。

用好时间，变“闲”为“不闲”

对于大部分人来说，“闲”的时间就是用来放松、休息、打盹的时间，从来没想过要在这上面搞些名堂出来。能够在这方面“搞名堂”的人，现如今都已不再是原来那些地位不高、工资又少的小人物了。

开车上班堵车的时候、上班时间因停电不能用电脑办公的时候、约见客户等待见面的时候……细想想我们在这些时间里都在做什么？上班堵车可能会使你害怕迟到，而你的心情也会变得比较烦躁；上班停电可能会使你觉得休息时间来到了，而心情舒畅；等待客户见面你可能觉得有点紧张。无论怀有怎样的心情，这些时间总会被我们无意识地浪费掉，被我们称之为“闲”。而我们工作起来又忙得团团转，找不到一时半刻休息的时候，常常抱怨时间不够用，害怕工作完不成，这就是我们通常说的“忙起来忙死，闲起来闲死”！

试想一下，如果我们能够把这些“闲”变成“不闲”，就能从中挖掘出不少琐碎的时间，让我们的“闲和忙”均衡协调。不要小看这些点点滴滴的小“闲”，如果时时刻刻都能把它们利用上，对于我们减轻工作压力，弥补办公时间不足、提高办公效率，是大有益处的。

蒙特拉尼受聘于美国一家著名的法律咨询公司，她的工作能力和效率都令顾客很满意，所以她每年都要接手很多大型法律案件的咨询工作。因此总要频繁地往返于美国的各个州之间，所以她的大部分时间都是在飞机上度过的。

蒙特拉尼之所以能受到顾客的信赖，除了她自身的法律知识过硬以外，就是她有一种很强的亲和力，能和顾客保持良好的关系，让顾客乐意让她服务。蒙特拉尼有一种很特殊的方法来处理顾客的关系，那就是在处理案件之前给顾客发邮件。这样做不但可以和顾客保持很亲密的关系，还能从顾客回复的邮件中了解她需要处理案件的具体情况，方便提前做出分析、提高工作效率。

蒙特拉尼的方法非常有效，不过使她更为成功的不在于此，而是她的这些工作都是利用等飞机和飞机上的时间用手提电脑完成的。

有一次，一位同样等待飞机的女士看到了她工作的情景，禁不住内心的好奇就问她：“在近两个小时里，我注意到你一直在发邮件，你发邮件要是为了工作的话，那么你一定会得到老板重用的。”

蒙特拉尼笑着回答："你猜对了，我正是在给我的顾客发邮件呢！我的确受到了重用，现在已是公司的副总了！"

难怪蒙特拉尼会成为公司的副总。谁善于利用时间，谁的时间就会成为"超值时间"。当你能够高效率利用时间的时候，对时间就会有一种全新的认识，知道一秒钟的价值，会算出一分钟时间究竟能做多少事。

一位叫安娜的总裁助理，总会把公司需要处理的信件放到车里一部分，还在车里准备了一把剪刀。安娜会在堵车严重或者等待红绿灯的时候拆阅这些信件。安娜所处理的这些信件中有50%都是垃圾信件，对于公司毫无益处。在安娜看来如果把这些信件放到上班的时候去处理，浪费的时间会很可惜。身为总裁助理的她，几乎一到公司就没有了闲散时间来忙活这些利用价值不高的信件了。她利用这些看起来"闲"的时间，将这些信件处理掉，既能缓解堵车时郁闷的心情，又能把其中有用的信件挑选出来。有利用价值的信件在到达办公室之后，就可以直接进行简单的处理；而那些没有价值的垃圾信件则直接丢到垃圾桶里，节省了大量的办公时间，因此安娜很受总裁的器重。

只有把"闲"变为"不闲"，才能充分体现生命的效率和价值，才能为自己赚取财富。时间是由分秒组成的，用"秒"来计算时间的人，会比用"分"来计算时间的人更懂得怎样利用一分钟，而不会因为仅仅是一分钟就把它无情地浪费掉。所以善于利用零星时间的人，总会做出更大的成绩来。

“准时”让你获得幸运

只要细心观察，就不难发现有这样一些人：他们经常性地迟到、早退或不能按时完成工作，而他们通常也是上司斥责甚至遭到解聘的对象。这些人当中不乏才华横溢、能力突出的，可他们却屡因时间观念淡薄而遭受挫折。

穷忙族能够开始积累财富的秘诀之一就是，养成准时的习惯。如果一个人不准时，其信用必定会一落千丈。按照时间的约束来管理我们的行动，就能把效率发挥到极致，带来个人价值的突破。

有学者曾经说过，构成伟人的两个要素就是才能和准时，而前者往往又是后者的必然产物。因为凡是珍惜时间，不肯让一分一秒从自己的指缝中流走的人，最后一定能在他的生命中打上“能力”的标记。

一个不准时、没有时间观念的人，肯定会出现上班迟到、乘火车过点儿、约会迟到……一系列的必然现象，别人因此也不会再信任他。如果每次老板来到办公室，其余的同事都在那里正常办公，而你的办公桌前却是空空如也，老板会怎么样评价你这位员工呢？可能你会有很多理由：城市拥挤、堵车等。但迟到却是一个事实，是最有力的证明，证明你这个人办事效率低、没有时间观念。如果你真是这样的一个人，那可要特别小心了，因为谁也不会容忍一个懒散、没有时间观念、工作效率低下的人混饭吃的。

卡萨琳已经在同一家公司工作3年了，大家都知道在她的身上有一个不好的习惯，那就是经常踏着公司的上班点进办公室，还经常因为路上的一些小事而耽误了正常报到时间，被同事们亲昵地称为“边缘美女”，当然谁都清楚这并不是一个很好的昵称，意思摆明了是说她经常徘徊在迟到的边缘。

几年的工作，她已经习惯了这样的生活，当然，公司主管和她关系好也放纵了她这种习惯。

不知道什么原因，原来公司的主管主动辞职了。新来的主管刚一上任，就注意到了卡萨琳的迟到行为，这下卡萨琳这位“边缘美女”的日子就不好过了。

新来的主管在开会的时候，颁布了上台以来的几条新制度：迟到10分钟扣除半日工资，迟到半小时全天无工资，迟到半天取消周末休假……

接连被扣掉了几天的工资，卡萨琳吃不消了。她再也气不过了，以一名老员工的身份去找这个新来的主管交涉。

主管丝毫没给她留任何面子，上来就质问她：“你认为迟到很正常是吧？那么你迟到了再进办公室的时候会不会影响到其他同事？你进了办公室能够马上投入到工作当中去吗？你说迟到到底重要不重要？能不能影响公司的整体效益？”

面对着主管毫无缺陷的质问，卡萨林没能说出什么来。毕竟是她错了，主管这样的整顿可能不是针对她的。也许仅仅是为公司考虑，是要提高公司员工的办公效率而已，但卡萨琳的行为无疑就是这次整顿中最大的那根“刺”。不想被“拔掉”就要认真遵守时间，提高自己的办公效率。

对于经常迟到的人来说，这无形中削减了他们的有效时间。拿破仑曾经说过，他之所以能战胜奥地利人是因为奥地利人不知道5分钟的价值。但是实际上，每失去一分钟，都会多给自己一个遭遇不幸的机会。

范德比尔特是一家装修公司的业务代表。经过他的努力，一家科技公司的高级主管终于答应同他面谈公司的装修项目。他们约定见面的时间是第二天上午十点半，范德比尔特在第二天上午去见那位主管时由于堵车迟到了半个小时。当他到达面谈地点时，那位主管已经不在那里了。等到范德尔比特打电话再次预约面谈的时间时，那位主管一口回绝了他：“没有这个必要了，你已经失去了那笔业务。因为在你迟到的半个小时里，我们已经把项目交给了别人，你不守时，我们不敢相信你兑现诺言的能力。”

做事不守时，哪怕是错失一两分钟的时间，也会让穷忙族功败垂成、一无所得。给公司带来的损失，不仅是资金方面的，更重要的是信誉方面的。

劳伦斯说：“成功做事的秘诀，首要一点就是要养成准时的习惯，可是一般人习惯一再拖延。”

做一个办事准时的人，最起码要遵守工作时间。在公司里，就算不能第一个到办公室，也不要做最后那个姗姗来迟的人。在星期一的早上，如果你能比其他人都早到一会儿，即使趁别人还没有进办公室的时间，查查自己的电子邮件或是整理一下办公室，都会让自己提前一步进入一周的工作状态。跟周围的同事比起来你会显得精神饱满，绝对会成为当天最让上司眼睛一亮的员工。另外，在每天下班的时候，就算不能最后一个下班，也不要在众人都埋头工作时扬长而去。

别以为老板经常不在办公室，就没有人注意你的出勤情况，实际上你在公司的一举一动，你的每一次迟到、早退，你的不守时让公司损失了什么老板都清清楚楚。因为所有的老板只有了解清楚了以下两方面的情况，才能安心睡觉：一是公司的业绩，二是员工的表现。

因此，我们要认真度量自己的工作时间，按时做每件事情。只有这样做，最终才不会发出无奈的叹息。

挤出时间，每天多努力一点

成功不是靠一步登天，而是靠一步一个脚印走过来的，是经过长年累月的行动与付出累积起来的。虽然，任何人都会有所行动，但成功者却是每天都多做一点点，多付出一点点，所以他们比别人更早成功。

成功与不成功之间的距离，并不是大多数人想像的那样是一道巨大的鸿沟。成功与不成功的差别只在于一些小小的动作：每天花5分钟阅读，多打一个电话，多努力一点，在适当时机的一个表示，表演上多费一点心思，多做一些研究，或在实验室里多做一次试验。

我们大多数人都不愿意每天花5分钟的时间（与5个钟头的时间相比实在是少之又少）努力成为自己理想中的人。

很多人之所以贫穷，是因为他们的生活中70%的时间都是在混日子，他们把每天的时间都停留在：吃、喝、睡、工作等方面。从一个地方逛到另一个地方，事情做完一件又一件，好像做了很多事，但很少有时间从事自己真正想完成的目标。直到最后才发现，自己虚度了大半生，剩余的日子又在病痛中一点一点地流逝。

在实践理想时，你必须与自己做比较，看看明天有没有比今天更进步——即使只有一点点。

全心全意、尽职尽责可以带来成功，但是多做一些自己分外的工作，比别人期待的更多一点，这样才可以吸引更多的注意力，给自我的提升创造更多的机会。

每天多做一点点，不是坏事而是好事，没有人会说你多事，就算有，你也可以完全当做没听到。因为你追求的是你的目标，你的快乐和幸福。率先主动是一种极珍贵、备受看重的素养，它能使人变得更加敏捷，更加积极。无论你是管理者，还是普通职员，"每天多做一点"的工作态度能使你从竞争中脱颖而出。你的老板、委托人和顾客会关注你、信赖你，从而给你更多的机会。

卡洛最初为杜兰特工作时，职务很低，而且薪水也不高，经过自己的努力奋斗，他成为了杜兰特先生的左膀右臂，并且得到杜兰特的重用，让他担任其下属一家公司的总裁。有很多人问卡洛，他为什么能很快得到成功，卡洛说了这样一段话："我成功的秘密就在于每天多干一点，在为杜兰特先生工作之初，我就注意到，每天下班后，所有的人都回家了，杜兰特先生仍然会留在办公室里继续工作到很晚。因此，我决定下班后也留在办公室里。在杜兰特先生工作的时候，他总会让我给他找文件、打印材料，一开始这些工作都是他自己亲自来做，由于我的出现，这些事很快都成为了我的事，杜兰特先生也逐渐养成招呼我的习惯。对于我来说，这些事的确没有人要求我做，但是我认为我应该为了我的快乐和幸福去做，在杜兰特先生需要我的时候给一些帮助。"

卡洛虽然没有获得加薪，但是他比别人多了许多成功的机会。因为卡洛的存在，杜兰特可以随时看到他，由于卡洛诚心地为杜兰特服务，所以渐渐地养成了杜兰特先生召唤他的习惯。就这样，他为自己赢得了杜兰特的关注，最终获得了提升。

"驽马十驾，功在不舍"，命运不会亏待一个矢志不渝者。成功最欣赏那些默默无闻的耕耘者。假如人与自然界一样有春华秋实的话，那么能每天努力一点点的人，一定能品尝到金秋的琼浆玉液，享受大地赐予的丰收喜悦。

不妨把你的表调快十分钟

许多人总是习惯于把事情拖到“最后一分钟”，认为这样可以迫使自己集中精力，从而最大限度地提高自己的工作效率。殊不知，这种做法常会给人带来麻烦与损失。总会出现这样的情况：因贪恋几分钟的睡觉时间而吃不上早餐，胡乱洗了把脸就冲出门去，在往公司或约会地点赶的时候，一个劲地大骂交通差劲。等到一边拢着头发一边跑到公司或约会地点的时候，却早已过了上班或约会的时间。

有时，原本预定下午 2 点 30 分出去拜访客户，就在 2 点 25 分准备出门的时候，才发现要给客户看的资料还没有准备好，就在匆匆忙忙准备好所有的资料要出门时，腕上的手表已经指向 3 点整了。其实，在做一件事情之前，都需要一段时间来做准备。但是，问题就出在有许多人经常把开始准备的时间，当成了行动开始的时间，结果总是到了要行动的时候才匆匆忙忙地开始准备，从而延误了正确的行动时间。

很多人因为拖拉的毛病而吃了不少苦头，把本来可以成交的生意给搞砸了，破坏了原本很好的人际关系，给上司留下了不好的印象。因此，为了避免这种情况，无论是家里的钟表还是手腕上的表，都不妨把它调快 10 分钟。

李嘉诚14岁就因家境贫寒而辍学，但他牢记父亲的教导，做人要有骨气，求人不如求己，他谢绝了舅父继续供他上学的好意，自谋职业当茶童。他每天工作15个小时，总把表调得比别人快10分钟，定好闹钟，最早一个赶到茶楼。后来，李嘉诚为了不耽误开会，不失约于人，雷打不动地将自己的手表调快了10分钟，以保证准时出席或赴约。

李嘉诚曾在17个小时内谈妥一笔2.9亿港元的交易，随即致电汇丰银行，两分钟内就安排了一笔1.9亿港元的货款。他处事果断、老练，决不拖泥带水。他经常对下属说，早上的事情，下午必须有决定或答复；假如17个小时内发生的事非常繁复，则一定在24个小时内答复。这就是华人首富李嘉诚对时间的态度。

把表调快10分钟这个习惯，李嘉诚一直保持了大半个世纪，而在今天，大家都知道李嘉诚的手表永远比别人的手表快10分钟，这早已成了商界交口赞誉、津津乐道的美谈。

许多人日复一日花费大量的时间去做一些与他们的梦想不相干的事情。不要成为他们中的一分子，你生命中的每一天都值得“计算”，而不要只是“计算”着过日子。一个人真正拥有，而且极度需要的只有时间。其他的事物多多少少都部分或曾经为他人拥有。像呼吸的空气、在地球上占有的空间、走过的土地、拥有的财产等，都只是短时间拥有。时间如此重要，但仍有很多人随意浪费掉自己宝贵的时间。

第三辑

立即采取行动，不让拖延浪费了时间

完成一件事需要多长时间？有人会说，花费的时间是从开始做到事情结束！很少有人能算清这笔账，因为很多人在做事之前会在拖延中浪费很多时间。在忙之前，还要做一回“穷等、穷拖”一族：嘴上说“准备做”“要做”，但就是迟迟不见行动，在这期间浪费的时间比完成这件事还要多。行动不及时，不仅在拖延中浪费时间，还会浪费机会，让人白忙一场。

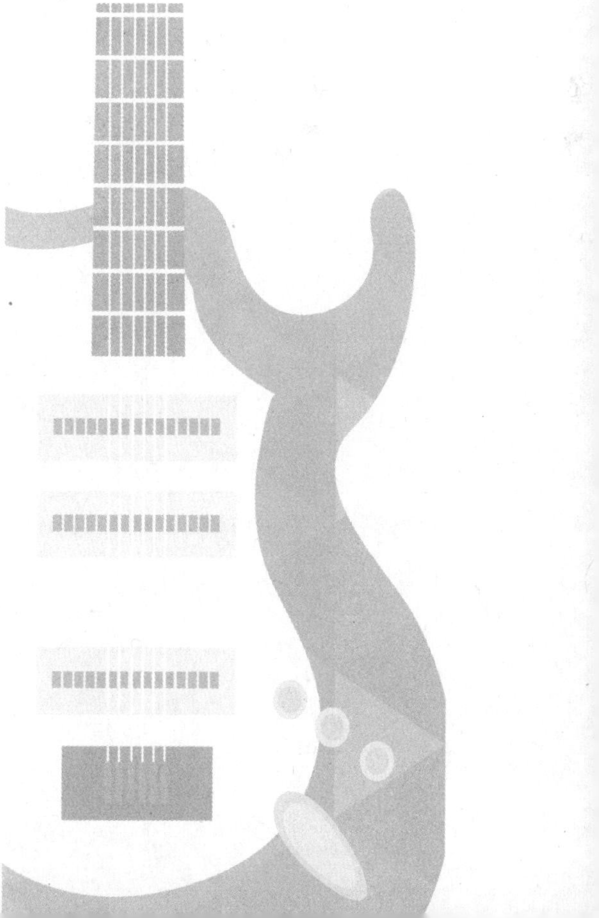

永远不要说为时已晚

我们经常会听人说：“我已经晚了。”告诉你，说这句话的人，要准备放弃之前的努力了，浪费了之前所花费的时间，而且还将继续浪费未来的时间。

一位病人躺在床上说：“唉，为时已晚。”虽然医生在竭尽全力地为他治疗着，但他一天到晚总是重复着折磨他的那句话“为时已晚”。几天后，医生放弃了对他的治疗，因为他的这种心理，导致他的病情严重恶化，虽然把所有的好药都用上了，病情仍得不到控制，以目前状况看，医生认为已无力挽救了。半个月后，他带着那句“为时已晚”跟着上帝乖乖地走了。从病人入院到死亡前后不到一个月的时间。

难道真的“为时已晚”了吗？懂得时间管理的人，不管遇到什么情况，都有一个积极的心态，即使是死到临头，他也会像平时那样积极利用时间，哪怕是一分钟、一秒钟，他也要争取，直到他安详地死去。这样的人才死得其所，才值得我们去学习！而那些有着消极心态的人，不论他们是年轻还是年老，总是伤心落魄、忧心忡忡，一副颓废、沮丧的样子，从没有尝试过，却认为自己西瓜皮订鞋掌——不是那块料。从此就带着“为时已晚”的烦恼和遗憾，慵慵碌碌地抱怨一生。

两种心态的结果，形成了成功与失败的对照：成功者总是忙忙碌碌、毫不迟疑，而失败者总是彷徨、停滞，满口“为时已晚”。从某一方面来说，这真可以称得上是一本很好的教科书了。

美国西海岸的边境城市圣迭戈的一家医院里，住着因外伤全身瘫痪的威廉·马修，当阳光从朝南的窗户射入病房时，马修开始迎接来自身体不同部位的痛楚袭击——病痛总是早上光临。在将近一个小时的折磨中，马修不能翻身、不能擦汗，甚至不能流泪，他的泪腺由于药物的副作用而萎缩。

年轻的护士以手掩面，不敢正视马修所经受的痛苦。马修说：“钻心的刺痛固然难忍，但我还是感激它——痛楚让我感到我还活着。”

马修是一个坚强的人，他认为只有活着才会有时间，只要有时间，他就能做他一切想做的事，你能说他是为时已晚了吗？

时间不论早晚，只要你利用它，它就不会有早晚之分。如果你停下来浪费它，它就会连招呼也不打地、无情地离去。所以说一个人的生命是有限的，可时间却是无限期的。

马修住院的头几年，身体没有任何感觉，没有舒适感，也没有痛楚感。在医生的精心治疗下有一部分神经再生，每天早上向中枢神经发出“痛”的信号。

在痛楚中发现喜悦，这在一般人看来简直荒唐，但置身马修的处境，就知道这种特定的痛楚不仅给他带来了喜悦，而且带来了希望。当然一个重要前提在于，马修是一个意志坚强的人，他在同病魔作斗争的同时，也在同时间拼搏，他不想让时间停顿下来。

过去，马修经历过无数没有任何知觉的日夜。如果说痛楚感是一处断壁残垣的话，无知觉则是死寂的沙漠。痛楚感使马修体验到了存在、时间、身体的归属，从某种意义说，这是一种价值体现——医疗价值和康复价值。当然，马修不是病态的自虐狂，他把痛楚作为契机，进而康复，享受到正常人享有的所有感受。谁也不能保证可怜的马修能获得这一天，但他和医生一起朝这个方向努力，因而他盼望痛楚会在第二天早晨如期到来。

3 年之后，奇迹终于出现了，马修能拄着拐棍行走了，他能自己靠着大树锻炼。开始，马修在护士的陪同下锻炼，后来在没有护士的时候，自己也能行走自如。到第 4 个年头，马修终于摆脱了对拐杖的依靠。第 5 年春天，他终于战胜了折磨他长达 10 多年的病魔，康复了。

他出院时的第一句话就是："还不晚，我还能活 10 年。"马修更加珍惜时间了，他不分昼夜地紧张工作着，在他死前，终于完成了他的自传《我同病魔斗争十三年》，这本书激励了很多人。

马修的故事让你震惊吗？它是否至少使你感到自己有时对拥有的时间太挥霍了？

一个没有经受过痛楚的人，不知道痛楚的背后往往会有希望出现，这是你、我都很难预料到的。然而，一个从痛楚中挣脱出来，去争取在痛楚过程中失去的时间的人，你不觉得他高大吗？

有些人，往往遇到一点小的挫折之后，便失去信心，不再去利用时间，而是坐以待毙，大呼为时已晚，这样，就永远只能做一个穷忙族。所以，世上永远没有为时已晚——只要你还活着！

远离导致自己拖延的因素

我们忙的时候，一定有些事是我们“最不想做”的，而不想做的理由可能是这些事很困难、很有挑战性，我们根本不认同这些事，或这些事对我们来说微不足道。所以很多人常常会选择逃避或拖延，以此来获得短暂的安逸生活。而穷忙族之所以穷忙，往往就是因为活在一个接一个的短暂的安逸生活中。

但事实上，拖延不仅是浪费时间的元凶，更是我们获得财富的无形杀手，也是我们的成功之路上最严重的坏习惯之一。既然知道拖延有这么多弊端，为什么还有近90%的人存在不同程度的拖延呢？导致拖延的原因究竟是什么？我们到底该如何远离导致拖延的这些因素？

心理学家研究后认为：“从心理层面分析，人对工作能力的不自信是导致拖延行为的一个重要原因。”一些在工作上曾遭遇过重大失败、不够自信的人，通常容易产生逃避心理，认为自己能力不够，不能很好地完成任务，于是越拖越久。而且，他们还常常以疲劳、状态不好、时间充足等借口来拖延工作进度。心理学家通过研究认为，这部分人其实内心很在意别人怎样看待自己，完不成任务时，他们更希望别人觉得是因为时间不够、不够努力造成的，而不是因为能力不足。

此外，一些内心不够积极上进的人也容易养成懒散、拖延的习惯。他们常常觉得什么事都很难做，因此喜欢找各种理由推脱，比如，别人不做，我为什么要做？即使心不甘、情不愿地同意做了，也不愿意立刻开始，而是拖拖拉拉，今天拖到明天，明天拖到后天。这样的人，是因为意志力差而加入了拖延症大军，最终导致一事无成。

还有一些人，对自己的能力过分自信，他们坚信自己到期限时一定能完成任务，因此在做事时也通常不慌不忙、慢条斯理，结果到最后才发现，事情远不是自己想象的那样简单，于是才手忙脚乱地进行，最终发现自己实在是自作聪明。

鲍勃是一家外贸公司的老板，一次，他要到日本出差，且要在一个国际性的商务会议上发表演说。为此，他让部门主管甲负责草拟演讲稿，让部门主管乙负责拟订一份与日本公司的谈判方案。在出国的那天早晨，各部门主管都来给老板送行，有人问甲："你负责的文件打好了吗？"甲睁着惺松的睡眼说道："我的那个不算难事。昨天太累了，晚上我熬不住就睡了。反正我负责的文件是日文撰写的，老板看不懂日文，在飞机上不可能检查一遍。等他上飞机后，我回公司把文件打印好，再以电讯传去就行了。"

谁知转眼间，鲍勃驾到，第一件事就问甲："你负责准备的那份文件和数据呢？"甲把他的想法告诉了老板。鲍勃闻言，脸色大变："怎么能这样？我原本打算利用坐飞机的时间与同行的外籍顾问研究一下自己的报告和数据，现在这样只能白白浪费坐飞机的时间了！"

甲的脸色一片惨白。

到日本后，鲍勃与一位要员讨论了乙提交给他的谈判方案，整个方案既全面又有针对性，既包括了对方的背景调查，又包括了谈判中可能发生的问题和策略。乙的这份方案大大超过了鲍勃和众人的期望，后来的谈判也很顺利。

鲍勃回国后不久，便提升了乙，而甲被降职了。

由此可见，任何一种原因导致的拖延，都可能会给工作、生活带来负面的影响。如果做事总是拖拖拉拉，久而久之就会变成习惯性拖延，做什么事都喜欢往后拖，喜欢找借口。这样的习惯不但会使人变得越来越懒惰，时间长了还会使人的意志力变得越来越差，整个人也会变得反应迟钝、思维僵化，这必然会破坏一个人的思考力、创造力和竞争力，挫败人的上进心。

有人问一位法国的政治家："您是凭借什么使自己在政坛上获得巨大成功，同时还能承担多项社会职务的呢？"政治家答道："我从来不把今天能做的事情拖到明天，仅此而已。"

由此可以看出，凡事立即行动，决不拖延，既是锻炼意志力的基本方法，也是一个成功者必备的作风。

既然找到了导致拖延的因素，那么我们该如何远离这恼人的拖延呢？

学会将工作目标融入自己的人生设计轨道中，比如，如果希望自己今年在某些方面有所突破，那就遵循这一目标，一步一个脚印地前进。同时，还要时刻监督自己对目标的完成情况，将一些自己无法把控的大目标主动分解成一个个可以把控的小目标，并从个人思想方面做相应的调整，从而获取完成目标的动力。

巴金森在其所著的《巴金森法则》中，写下了这样一句话："你有多少时间完成工作，工作就会自动变成需要那么多时间。"如果你有一整天的时间可以从事某项工作，你就会花一天的时间来完成它；而如果你只有一个小时的时间来完成这项工作，你就会更加迅速有效地在一小时内完成它。所以，给自己建立一个时间有限的观念，严格规定目标完成的期限，可以帮助你远离拖延，提高意志力。

几乎做每一项工作时，都会经历一个需要自己高度集中精力的阶段。比如，对一些复杂的数据进行分析；写一份重要的报告；准备一场报告会等。不管你要做的是什么，都需要静下心来，不受干扰地将事情完成。然而，我们可能很难有几小时不被人打扰的时间。如果有拖延的习惯，意志力又比较差，那么在这些干扰源的影响下，完成一项工作的难度可想而知。

不要将事情拖到最后

很多人都会有这样的经历：从书市买来一大堆书，想要提高自己，但结果这些书却只起到了填充书架的作用；从体育用品店买来一副昂贵的羽毛球拍，想要锻炼身体，结果这副球拍却只起到了装饰墙壁的作用；给自己设计了一个完成任务的计划，准备监督自己提前或者按时完成任务，结果还是拖到最后一天才匆忙完成。

很多人都有过与以上情形类似的经历，对计划的事情、需要完成或者想要完成的事情，总是一拖再拖，缺乏连续、均衡完成任务的意志力。

有人对中学生假期作业的完成情况做了一个调查，并根据调查结果画出是一张假期时间和假期作业完成量的函数图。从图上可以看出，整个假期前面3/4的时间，作业完成量几乎都为零，到了最后1/4的时间，作业完成量才逐渐缓慢上升，直至假期的最后两天，作业完成量急速上升并到达顶点。

从这个调查中我们可以很明显地看出拖延对任务完成的影响。而生活中，在时间充裕的情况下，很多人不管工作量多少，假如缺乏监督，让他们长时间地坚持工作往往很难。人们总是将事情不断地往后拖，直到最后不得不完成。这种拖延习惯的影响就是，最后几天的工作量特别大，而且使任务完成质量降低。对此，有心理学家做了一项实验进行研究。下面我们就来看看这个实验，从实验的角度来探索一下拖延会产生什么样的负面影响。

2002年，哈佛大学的克劳斯教授做了一项实验。实验以大学生为被试者，克劳斯教授将被试者分成了A班、B班和C班。

克劳斯教授要求被试者们在3周内完成3篇论文，并告诉他们，假如他们过期不交，则视作0分。除此之外，克劳斯教授对A班的同学说，他们可以在3周的最后一天上交这3篇论文；对B班的同学说，他们需要自己预先安排好每篇论文的上交时间，把这个时间报告给克劳斯教授，并按照这个时间上交每篇论文；对C班的同学说，他们在每个周末时，必须上交一篇论文。

论文都上交后，克劳斯教授对论文进行评分，并将3个班被试者的论文成绩进行比较。克劳斯教授通过比较发现，3个班中C班的论文最好，其次是B班，论文成绩最烂的是A班。

从上述实验中3个班的被试者论文所得的分数情况，克劳斯教授得出以下结论：拖延会影响任务完成的质量，一般情况下，到最后时累积的任务量越多，任务完成的质量也就会越差。

其实，从生活中拖延的表现可以看出，拖延对于工作任务计划的顺利实施以及任务的完成存在非常大的阻力。因此，想要控制自己、让自己按照计划安排完成任务，非常有可能会让自己和拖延心理对抗。只有在战胜拖延的情况下，才有可能有毅力按照计划较好地完成任务。

将这种现象和上述实验所得结果相结合，我们可以得到这样的启示：不要将事情拖到最后才做。将任务拖到最后才做，会影响任务的完成质量。且拖得越严重，任务的完成质量就越差。

怎样才能降低或者避免拖延对于任务完成质量的影响呢？我们可以从实验中借鉴一些方法。

实验中的被试者同样是在3周之内完成3篇论文，但是因为上交的方式不一样，所以最后上交的论文质量也不一样。由此，我们也可以通过分段完成工作任务来提高任务完成的质量，降低拖延的负面影响。

除此之外，我们还可以利用一个小技巧“骗”一下自己，让自己提前完成任务。比如，本来任务完成时间是一周，但是你可以“骗”自己任务完成时间只有4天，并在4天之内抓紧时间将任务完成。然后，在剩下的3天时间里，对所完成的工作进行适当的修正。

每当按时且较好地完成工作任务时，你可以给自己一个小小的奖励。这样可以强化你按时完成工作任务的行为，从而培养出按时完成任务的习惯。

想象拖延恶果，节制拖延行为

拖延，就是迷信“明天”和“等一会儿”，在无止境的自我安慰中度过一个又一个今天。殊不知，时间在不停息地奔走，当你把今天应该完成的事拖到明天去做时，这个“明天”就足以将你送入坟墓。

一个深夜，一个危重的病人迎来了他生命中的最后一分钟，死神如期来到他的身边。但是，他却请求死神说：“请再给我一分钟，可以吗？”

死神奇怪地问道：“你要这一分钟干什么呢？”

病人说：“我想利用这一分钟的时间看一看天、看一看地；我想利用这一分钟的时间想一想我的朋友和家人。如果运气好，我还能看到一朵绽放的花朵。”

然而死神却说：“你的想法不错，但我不能答应你。我曾经留给你足够的时间，让你去做这些事，但你都没有珍惜。现在，我给你看一下你的时间账单。在60年的生命中，你有超过1/3的时间在睡觉；剩下的 30 多年时间里，你做事经常拖延；你曾经感叹时间过得太快的次数达到 1 万多次；上学时，你拖延完成作业；成年后，你抽烟、酗酒、打牌，虚度光阴……

“从青年到老年，你做事拖延的时间共花去了 36500 个小时，合 1521 天；做事有头无尾，令事情不断重复，共浪费了 300 多天；由于无所事事，你经常坐着发呆；你经常抱怨、责怪别人，做事找借口，推卸责任；你常常利用工作时间与同事聊天，将工作丢在一旁；你参加了无数次无用的会议，并常常在会议期间昏睡，这让你的睡眠时间远远超过了 20 年……”

死神的话还没说完，危重病人便断了气。死神叹了口气，说道：“如果你活着时能不这样拖延时间的话，你就能听完我给你整理的账单了。真可惜，世人总是这样，都等不到我动手，就自己后悔死了。”

每个人的生命都是有限的，当拖延成为一种习惯时，死神就会在不知不觉中来临了。你可以给自己时间，但生命不会给你时间。拖延往往会导致悲惨的结局。

美国独立战争时期，英国的拉尔上校正在玩纸牌，忽然有人递来一份报告，说华盛顿的军队已到了德拉瓦尔。但他只是将来件匆匆塞入衣袋中，等到牌局结束才展开那份报告阅读。然而等他调集部下出发应战时，已经太迟了，最终全军覆没，拉尔自己也因此战死。仅仅是几分钟的延迟，就使他丧失了尊荣、自由与生命！

在普通人的身上，拖延也会带来许多不好的结果。比如，拖延可能会令我们丧失很多好的工作和学习机会；经常拖延的人，对自己往往缺乏信心，不愿意、不敢面对现实，结果导致太多失败；面对压力、挫折时，拖延者往往会产生更多的消极情绪，让自己处于烦躁、焦虑和恐惧当中，难以自拔；拖延还可能令我们的人际关系受损，如本来答应别人的事没按时做到，本来该我们负的责任没有负等，都会影响我们的人际交往……

由此可见，各种习惯中最为有害的，莫过于拖延，世间有许多人是被这种习惯所害。想象一下拖延可能给我们带来的恶劣后果，我们难道还有理由不增强自我控制能力、节制自己的拖延行为吗？

“决不拖延，立即行动！”这句话是惊醒你的自动启动器。任何时候，当你感到拖延的恶习正悄悄向你靠近，或已缠上你，使你动弹不得时，你就需要用这句话来提醒自己。

为自己要做的事设定一个期限

有没有意志力完成一件事，很多时候是对自己要求的结果。比如为自己设定一个期限，从某种程度上就会强化完成事情的意志力。缺乏意志，做事就会出现拖延现象。

“拖延”二字，本身就包含着难以达成目标的意思。拖延会给我们的生活带来严重的干扰，以致我们几乎无法完成所设定的目标。即使我们最终完成了目标，其间也经历了很多痛苦的挣扎。

经常拖延的人，很难确定奋斗目标，因为他们经常忙着设定目标，但所设定的目标又总是模棱两可，或者缺乏时间期限。比如，“今天我得做完一些事”或“我准备在几个月的时间里完成这项工作”。如果以这样的方式设定目标，不仅目标含糊不清，完成时间也没有限制，反而更容易引发拖延的问题。

19 世纪浪漫主义时期的伟大诗人之一柯勒律治，本来可以取得辉煌的成就，但本该属于他的荣誉却被授予了与他同时代的威廉·华兹华斯。

柯勒律治的悲剧性缺陷就是拖延，甚至是一种病入膏肓的拖延。他延迟作品的写作以及承诺的履行，有时长达几十年之久。他的诗篇中最著名、至今仍在英国文学课堂上被广泛学习研究的篇章，都显露出了拖延的痕迹。《忽必烈汗》、《克里斯德蓓》等，最终都以残篇（即未完成的作品）的形式发表，而发表时距他动笔已经有 20 年时间了。虽然《老水手行》是完整的，但也推迟了 5 年才付印。

拖延也给柯勒律治带来了很坏的影响。作家莫莉·雷菲布勒在《鸦片的束缚》一书中这样描述：“他的存在变成了一长串连绵不绝的拖延、借口、谎言、人情债、堕落和失败的不快经历……”

同时，财务问题充斥着柯勒律治的生活，尽管大多数项目计划周密，但却很少启动或完成。他的健康状况也一塌糊涂，而鸦片成瘾又加剧了健康的恶化，而他整整拖延了 10 年才去接受治疗。日益逼近的截稿期限所带来的压力，也消解了工作本身的乐趣。他说：“一想到我必须加快步伐，写作时最惬意的时光就会戛然而止。”

本该是一位能够获得巨大成功的伟大诗人，却因拖延而失去了许多成功的机会，甚至还因此失去了财富、健康与幸福。可见，要想不让自己步柯勒律治的后尘，我们必须要有意志力战胜拖延。

做事缺乏意志力而拖延，说白了就是搁着今天的事情不做，而留待明天去做，在这种拖延中所耗费的时间、精力足以将那件事做好。整理以前积累下来的事情，可能会使人感到非常不愉快。很多人都会有这样的心理，本来当初一下子就能轻松愉快地做好的事，拖延几天、几周之后，就显得惹人讨厌与困难了。所以，拖延不仅完不成事情，而且还会给自己带来负面情绪。既然如此，为什么不当时就完成呢？对那些喜欢拖延的人来说，给自己设定一个完成任务的最后期限，并且要求自己严格遵守，不可超过这个期限。坚持下去，你会发现自己正在渐渐远离拖延这个坏毛病，自控力也一步步地不断提升。

那么，怎样才能做到在期限内完成任务呢？

1．计划好完成任务的时间

准备完成一项工作或任务时，提前给自己设定一个截止日期，规定最晚在什么时间完成。否则，我们可能要花费比实际需要多几倍的时间才能完成，不仅不利于工作或任务的顺利进展，还会加重拖延现象，不利于意志力的培养与提升。

计划好自己的时间，要将工作或任务之外的事情都考虑进去，如休闲、运动或陪家人的时间等，不要将这些因素作为借口进行拖延。

如果没有空闲时间，不妨随身携带一个未完成任务的列表。如果有空闲时间，可以做一些有计划的休闲活动，或进行一些思考。

不要在没完成任务时进行毫无计划的放松，尤其是在给接下来的工作确定了截止日期的情况下。如果不好好控制时间，就可能打破截止日期，浪费时间。

2. 设定专注时间，让工作更高效

当工作中出现拖延迹象时，不妨给自己设定一个专注时间，并开始倒计时。这样，在心理上就会产生紧迫感，从而促使自己更加集中注意力完成任务。

这种方法很有效，也更易于操作，是一种化整为零的思想。

设定 20 分钟为一个工作的专注时间段。在这 20 分钟内，必须专注于眼前的工作，不受任何干扰，直到 20 分钟的闹铃响起。

休息 5 分钟，可以做做深呼吸，或到户外活动一下，让自己的身心适当放松，然后再设定下一个 20 分钟的专注时间段。

如果 20 分钟还是让你感到无法承受，那么可以先设定较短的时间段，如 10 分钟、5 分钟，甚至 1 分钟的期限。如果在这个期限内能专注工作了，就试着适当增加专注时间段的长度。

当在工作时间段内被干扰或无法继续下去时，可以看一下工作时间段的剩余时间，然后暗示自己再坚持几分钟就结束了，从而锻炼自控能力，不让自己拖延。

3. 尝试“创造性拖延”

所谓“创造性拖延”，就是在完成工作的期限之内，重新调整需要优先处理的短期工作（或步骤）。比如将自己喜欢的那部分工作（或步骤）提前完成，而将自己不喜欢的那部分推后完成，这样也能够实现总体的工作目标，并且还能避免精力的耗费。

需要注意的是，优先处理的短期工作必须与总体工作目标有关，不能是其他的无关工作。

成功在于把握住关键时间

每个人都有自己的弱点，再凶猛的动物也都有它们的致命点，也就是说都存有要害部位。因此，你要想制服对方，取得胜利，就必须先找到其要害部位，这样才能做到百发百中。

当你环视全球，你会对各种事情如此迅速准确地发生而感到非常惊奇。那么，你知道在3秒钟、8分钟和3个小时的时间里世界上会有什么事情发生变化吗?

每3秒钟：地球将环绕太阳运行91公里，人类有9个新生命诞生，95架飞机起飞。

每8分钟：地球上的人吃掉相当于100只蓝鲸体重的食品，即1.3万吨食品，英国的医生开出750个治疗气喘病的处方，法国人回收的废纸足可以挽救600棵树不被砍伐。

每3个小时：一只蝴蝶蛹变成一只美丽的蝴蝶，9艘油船驶入并停靠在英国港口，英国的猫和狗吃掉的宠物食品足可以装满120万个罐头盒。

你知道这些奇迹的出现吗？那么，现在你有把握能控制住这些时间吗？既然你已经知道了把握关键时间的必要性，就要有所行动，因为只要稍微迟了一步，就可能造成巨大的损失，牢牢地扼守它，才是你目前最主要的选择。

1947年，美孚石油公司董事长贝里奇到开普敦巡视工作，在卫生间里，看到一位黑人小伙子正跪在地板上擦水渍，并且每擦一下，就虔诚地叩一下头。贝里奇感到很奇怪，问他为何如此？

黑人答："我在感谢一位圣人。"

贝里奇很为自己下属公司拥有这样的员工感到欣慰。问他为什么要感谢那位圣人。黑人说："是他帮我找了这份工作，让我终于有饭吃了。"

贝里奇笑了，说："我曾遇到一位圣人，他使我成了美孚石油公司的董事长，你愿意见他一下吗？"黑人说："我是孤儿，从小靠锡克教民养大，我很想报答养育过我的人，这位圣人若使我吃饱之后，还有余钱，我愿去拜访他。"

贝里奇说："你一定知道，南非有一座很有名的山，叫大温特胡克山，据我所知，那上面住着一位圣人，能为人指点迷津，凡是遇到他的人都会前程似锦。20年前，我来南非登上过那座山，正巧遇到他，并得到他的指点。假如你愿意拜访，我可以向你的经理说情，准你一月的假。可你要记住一点，用一个月的时间，多一天、少一天都不行，否则圣人会怪罪的。"

这位年轻的黑人是个虔诚的锡克教徒，很相信神的帮助，他谢过贝里奇就上路了，30天的时间里，他一路披荆斩棘，风餐露宿，过草甸，穿森林，历尽艰辛，终于在第30天登上了白雪覆盖的大温特胡克山，他在上面徘徊了一天，除了自己，什么都没有遇到。

黑人小伙子很是失望地回来了，他见到了贝里奇后，说的第一句话是："董事长先生，一路上我格外留意，直至山顶，我发现除了我之外，根本没有什么圣人。”

贝里奇：“你说得很对，除你之外，根本没有什么圣人，但你要注意的是你抓住了这30天的时间，不多也不少，这也是你取得的最好收获。”

黑人小伙子一下子恍然大悟，从此不再去寻找圣人来帮助自己了，只凭着自己的毅力分分秒秒地奋斗着。

20年以后，这位黑人小伙子做了美孚石油公司开普敦分公司的总经理，他的名字叫贾姆纳。2000年，世界经济论坛大会在上海召开，他作为美孚石油公司的代表参加了大会，在一次记者招待会上，针对他的传奇一生，他说了这么一句话：“您发现自己的那一天，就是您遇到圣人的时候；您抓住时机的那一刻，就是圣人给予你帮助的时候。”

世上没有圣人之说，就像人间没有天堂一样，任何美好的东西都是靠自己在时间的拼打中得来的。只要你紧紧扼住眼前的时间，去努力奋斗，成功就一定会属于你。这就是贾姆纳的成功经验。

抓住了每一分钟，就等于抓住了成功的那一刻想要成功，就请关注时间的要害，抓住时间的关键时刻，就会使你的梦想成真，否则只能是竹篮子打水一场空。

抓住机会出现的一瞬间

很多人在期待机会，但他们却只在痴等着机会，他们不知道在这痴等的时候，机会正与他们擦身而过。其实，现实中处处有机会，只是很多人忽视了它们。当你参加某公司的招聘面试时，你已经有了成为他们员工的机会；当你成为某酒店的服务员时，你已经有了成为酒店经理的机会；当你成为公司的骨干时，你已经有了做老板的机会；当你成为一个老板时，你已经有了成为富豪的机会……而成功的关键，就是源于能抓住眼前的这个机会。

一个人被洪水逼到了岌岌可危的房顶，但他很是坦然，因为他相信上帝会来救他的。

一块大木头漂了过来，他却无动于衷，因为他相信上帝会来救他的。

过了一会儿，他又看见一艘救援的皮艇，他没有呼救，因为他相信上帝会来救他的。

不久，他看见一架救援的直升机，他也没有呼救，因为他相信上帝会来救他的。

他被洪水淹死后来到上帝面前责问道："我对您如此的忠诚，在我面对死亡的时候您为何见死不救？"

上帝回答："我先给你派去一块木头，又给你派去皮艇和飞机，是你自己不愿上去，这哪能怪我呢？"

很多人也与这个人一样对待眼前的机会，他们把老板看成给予自己机会的上帝，总希望他把机会砸到自己的头上，殊不知老板时常会给员工机会，只是他们不知道抓住而已。一份工作会隐藏很多机会，有时会多如繁星，但不善于抓住机会，那些机会也不过是过眼云烟。牛顿从苹果落在他头上这一现象里发现了万有引力规律；细菌学专家在发霉的培养液里发现青霉素；爱迪生在千余种材料中找到适合做灯丝的材料……这些成功在旁人眼里无一不是机遇，认为这些成功纯属巧合。但数千年来不知有多少人被苹果砸中过，不知有多少人见过发霉的物品，不知有多少人与各种金属材料、植物纤维打过交道，但他们发现不了万有引力规律、青霉素和灯丝。并不是没有机遇，而是他们没有抓住机遇。

机会的得到，在于人们的主观努力；机会的失去，是由于人们的不努力。只有正确地认识努力与机遇的关系，才能使自己认识机遇、抓住机遇，从而获得成功。要想把握住机会，就必须客观地认识自己和周围的事物，正确地看待自己的工作。要努力改善自身，否则你永远看不到机会，永远不会觉得自己能获得成功。数学家华罗庚说过："机遇只给那些有素养的人，给那些善于独立思考的人，给那些具有锲而不舍精神的人，而不会给懒汉。"

有一个医学院毕业的年轻人，在一家知名的大医院实习，幸运的是，他在一位非常有名的外科手术大夫手下实习。年轻人早就仰慕这位医师，希望自己能在这位专家那里学到一些做高难手术的技巧。于是有一天，他问医师："我能看您做手术吗？"

医师看了他一眼，说："可以，明早7点半，我有一台手术。"

年轻人迟疑了一下，因为他通常早上起得比较晚，7点半对他来说有些早，不过他还是对医师点了点头。第二天，他没有按时到手术室，医师做完手术走进办公室，发现他坐在那里。

"你去了哪里？"

"我睡过头了，起来一看，已经晚了。"他回答说。

"下次一定注意。"医师说道。

"好的。"

可是，一连几次，他都没有来，医师再次碰见他的时候，他问医师："您下午有没有手术，如果有，下午我比较方便一些。"

"对不起，我总在早上做手术。我要挑病人最好的状态，早晨刚醒是最好的时间。"

"哦……"

之后，他再也没有出现在医师的手术室里。

作为一名实习医生，能和一位自己早就仰慕的著名医师学习，这是提高自己医术的一个绝佳的机会。可是，这个年轻人却改不了自己爱睡懒觉的习惯，也不能为病人设身处地地着想。于是，他让这眼前的机会白白地溜走了。

从哲学的角度看，主观努力是内因，机会是外因，外因只有通过内因才能起作用，能否抓住机会，利用好机会，最重要的在于一个人的勤奋努力。"人生能有几回搏"，当你意识到出现机遇的时候，一定要抓住它，不要掉以轻心。

所以，我们要激励自己去抓住机会：每天把要做的事都计划好，不浪费每一次机会，认真做好每一件事情，一旦出现机遇的时候，你就会有足够的能力和基础抓住它。每一天的工作都会有提供机会的可能：它让你结识他人，也让他人认识你；能让你得以了解信息、获得友谊、开发人脉资源和发展自己……在生活中，机会无数次地光顾你。机会是属于每一个人的，但是，你若不能及时地抓住它，它就会瞬间即逝。抓住眼前的机会，它会帮助你在苦苦的跋涉中来一次大的飞跃。

沉浸在白日梦中会一无所得

如果把自己定位在高点，然后沉浸在这个自己设定的美梦中不能自拔，注定将一事无成。再美的梦最终也会醒来的，沉醉于白日梦只会让你与现实脱节。因此，把空想化为行动吧！

李菲身材修长，相貌清秀，她最大的梦想是成为一名模特，在T形台上闯出属于自己的一份天地。然而不知为什么她竟然接连两次落选，这使她受到了很大打击。于是，她也不去找工作，只窝在家里看那些超级名模的走秀录像带。渐渐地，她陷入只属于她自己的世界里：看着屏幕上窈窕的身影，她想象着自己就是她们中的一个，穿着美丽的衣服，在各大都市中穿梭，迎接她的是鲜花和人们爱慕的眼神……一段时间，在上海工作的哥哥，帮她找到了一份做平面模特的工作，大家都以为她会很高兴，但她却冷淡地拒绝了，她认为自己一定会成为一个超级名模。就这样，她还是每天窝在家中，编织着美丽的梦——一场注定无法实现的美梦。

如果李菲没有养成做白日梦的习惯的话，那么凭借自身条件从平面模特做起也是大有可为的。弗洛伊德认为，白日梦是因为在现实生活中，人的某种欲望得不到满足，所以才在一系列虚无的幻想中寻找心理平衡。做白日梦的习惯会给人们带来相当大的危害，所以你必须及早苦干，不要被白日梦毁了一生。

一年夏天，一个纯朴的乡下小伙子登门拜访年事已高的爱默生。小伙子是一个诗歌爱好者，因仰慕爱默生的大名，故千里迢迢前来寻求文学上的指导。

这位青年诗人虽然出身贫寒，但谈吐优雅，气度不凡。老少两位诗人谈得非常融洽，爱默生对他非常欣赏。

临走时，青年诗人留下了薄薄的几页诗稿。

爱默生读了这几页诗稿后，认定这位乡下小伙子在文学上将会前途无量，决定凭借自己在文学界的影响大力提携他。

爱默生将那些诗稿推荐给文学刊物发表，但反响不大。他希望这位青年诗人继续将自己的作品寄给他。于是，老少两位诗人开始了频繁的书信来往。

青年诗人的信写得长达几页，大谈特谈文学问题，激情洋溢，才思敏捷，表明他的确是个天才诗人。爱默生对他的才华大为赞赏，在与友人的交谈中经常提起这位诗人。青年诗人很快就在文坛有了一点小小的名气。

但是，这位青年诗人以后再也没有给爱默生寄诗稿来，信却越写越长，奇思异想层出不穷，言语中开始以著名诗人自居，语气越来越傲慢。

爱默生开始感到了不安。凭着对人性的深刻洞察，他发现这位年轻人身上出现了一种危险的倾向。

通信一直在继续。爱默生的态度逐渐变得冷淡，成了一个倾听者。

很快，秋天到了。

爱默生去信邀请这位青年诗人前来参加一个文学聚会，他如期而至。

在这位老作家的书房里，两人进行了一番对话：

“后来为什么不给我寄稿子了？”

“我在写一部长篇史诗。”

“你的抒情诗写得很出色，为什么要中断呢？”

“要成为一个大诗人就必须写长篇史诗，小打小闹是毫无意义的。”

“你认为你以前的那些作品都是小打小闹吗？”

“是的，我是个大诗人，我必须写大作品。”

“也许你是对的。你是个很有才华的人，我希望能尽早读到你的大作品。”

“谢谢，我已经完成了一部，很快就会公诸于世。”

文学聚会上，这位被爱默生所欣赏的青年诗人大出风头。他逢人便谈他的伟大作品，虽然谁也没有拜读过他的大作品。即便是他那几首由爱默生推荐发表的小诗也很少有人拜读过。但几乎每个人都认为这位年轻人必将成大器。否则，大作家爱默生能如此欣赏他吗?

转眼间，冬天到了。

青年诗人继续给爱默生写信，但从不提他的大作品。信越写越短，语气也越来越沮丧，直到有一天，他终于在信中承认，长时间以来他什么都没写。以前所谓的大作品根本就是子虚乌有之事，完全是他的空想。

他在信中写道："很久以来我就渴望成为一个大作家，周围所有的人都认为我是个有才华有前途的人，我自己也这么认为。我曾经写过一些诗，并有幸获得了阁下您的赞赏，我深感荣幸。

"使我深感苦恼的是，自此以后，我再也写不出任何东西了。在现实中，我对自己深感鄙弃，因为我浪费了自己的才华，再也写不出作品了。而在想象中，我是个大诗人，我已经写出了传世之作，已经登上了诗歌的王位。

"尊贵的阁下，请您原谅我这个狂妄无知的乡下小子……"

从此后，爱默生再也没有收到这位青年诗人的来信。

白日梦给人带来的最大的副作用就是，逃避现实、不思进取。比如故事中的这位青年诗人，当他养成做白日梦的习惯后，他根本就没有考虑过如何通过苦干实现自身的社会价值。他一心只梦想着成功后的那份辉煌。事实上，当他陷入难以自拔的白日梦的泥潭之中时，他原有的才华就丧失殆尽了，结果他只能成为一个庸人。

牢牢抓住每一天

成功者会珍惜每一个今天，不浪费今天去追忆昨天、幻想明天，那么到达生命终点时，成功者也毫无遗憾。

时间并不能像金钱一样可贮存起来以备不时之需。你所能够使用的只有被给予的那一瞬间，也就是今天、现在。因此，抓住每一个今天，你就抓住了全部。

一个人从不感觉自己意志薄弱而且缺乏勇气，从不对自己失去信心。人往往会在日志上写道："就在今天，你也可以成为你现在所处环境的朋友。意志薄弱、没有信心、感到厌烦等情绪问题都不必去理它，明天早上一觉醒来就用冷水摩擦你的脸。不要记挂明天、后天的事。只要好好地充实'今天'，这点应该很容易做得到。只要你切身实行'仅仅今天'，那么一切都会改变。冷水摩擦对于身心两方面都具有强化的效果。"

因此，要将这个"仅仅今天"的概念广泛运用在日常生活中。诸如痛苦、病痛、厌恶的事也只要在"仅仅今天"忍耐而已。明天可能无法忍耐，但是起码在"仅仅今天"已经忍耐过去了。

以"毋须为明日烦恼忧虑，只须全力以赴地生活在今天"的方式生活做事，对我们的人生可以产生难以估计的力量。

昨天是一张作废的支票，明天是尚未兑现的期票，只有今天是现金，有流通性的价值之物。如果不抓住今天，所有的希望都会消磨在懒散消沉中。

再说，与其费尽心思把今天可以完成的任务拖到明天，还不如用这些精力把工作做完。任务拖得越后就越难完成，做事的态度就越是勉强。今天能完成的工作，被推迟几天或几个星期后，就会变成负担。在收到信件时没有马上回复，以后再拣起来回信就不那么容易了。许多大公司都有这样的制度：所有信件都必须当天回复。只有今天，更近一步来说，就是珍惜现在的每分每秒。并且，珍惜时间并不只是珍惜你自己的时间，更意味着你要珍惜别人的时间。

“一个人如果根本不在乎别人的时间，”贺拉斯·格里利说，“这和偷别人的钱有什么两样呢？浪费别人的一小时和偷走别人5美元有什么不同呢？况且，很多人工作1小时的价值比5美元要多得多。”

华盛顿总统4点钟吃饭，有时候应邀到白宫吃饭的国会新成员迟到了，华盛顿就会自顾自地吃饭而不理睬他们，这使他们感到很尴尬。华盛顿经常这样说：“我的表从来不问客人有没有到，它只问时间有没有到。”他的秘书找借口说：自己迟到的原因是表慢了。华盛顿回答说：“那么，或者你换块新表，或者我换个新秘书。”

有一次，拿破仑请元帅们和他共进晚餐，元帅们没有在约定的时间到达，拿破仑就旁若无人地先吃起来。他吃完刚刚站起来时，那些人来了。拿破仑说：“先生们，现在就餐时间已经结束，我们开始下一步工作吧。”

昆西·亚当斯也从不拖延。议院开会时，看到亚当斯先生入座，主持人就知道该向大家宣布各就各位，开始开会了。有一次发生了一件事，主持人宣布就座时，有人说："时间还没到，因为亚当斯先生还没来呢。"结果发现是会议室的钟表快了3分钟。三分钟后，亚当斯先生像往常一样准时到达。

每天太阳落山的时候，勇敢地拍着胸脯自豪地说："今天，我没有白过。"于是，成功者真的把握住了今天。

我们要走出昨天的误区，把握今天的时光。这样才能弥补昨天，充实明天。因此，那些还徘徊在昨天和明天的人，那些把今天的任务塞给明天的人，如果想在明天干出一番大事业，成为富人，把握住今天才是最好的选择。

|第四辑|

提高做事效率，充分利用单位时间

“穷忙”往往是因为没有最大限度地去实现时间的价值。很多人会问：时间值多少钱？告诉你，时间的价值就看你在单位时间内做多少事，单位时间内你完成的事情越多，你获得的财富就越多——这叫做效率。对时间的利用率越高，越可以靠着它将自己“卖出”好价钱。“穷忙族”之所以穷忙，原因之一就是没能充分利用好单位时间，所以，他们的时间价值就低于那些做事效率高的人。

合理用时，避免“瞎忙”

穷忙族永远处在这样的矛盾中：工作很多，时间却是有限的。我们发现，不会合理地使用时间，计划再好，目标再高，能力再强，也不会产生好的结果。一个人在时间管理上表现无能，在工作上必然也会表现无能。所以，一个人要想经济上有所改观，必须要学会利用好自己的时间，不被时间牵着鼻子走，而是主动地把握时间、规划时间，让有限的时间发挥最大的效用。

一位成功心理学研究专家说：“一个成功的人，首先是一个好的时间整理者。”对于一个人来讲，若不会整理自己的时间，永远不可能成为一个成功的人。

一位世界500强企业老总曾说：“我不喜欢看见报纸、杂志和闲书在办公时间出现在员工的办公桌上。我认为这样做表明他并不把公司的事情当回事，他只是在混日子。如果暂时没事可做，为什么不去帮助那些需要帮助的同事呢？”

会不会利用时间不是单纯地看某个人在工作时间内是不是忙个不停。有很多人，从早忙到晚，不但在工作时间忙个不停，而且经常加班加点。表面上看，他好像很努力，很会利用时间，但事实上并非如此。很多从早到晚忙个不停的人的工作绩效并不突出，有些还相当低。你要问他们为什么？“事情太多，忙不过来，没时间。”他们一准会这么回答。

其实，时间是世界上一切成就的土壤。时间给把握不住它的人痛苦，给牢牢将它攥在手心的人财富。

美国一家大公司的董事长赖福林就是一个有效利用时间的能手。他每天清晨6点之前准时来到办公室，先是默读15分钟经营管理哲学的书籍，然后便全神贯注地思考本年度内必须完成的重要工作，以及所需采取的措施和必要的制度。接着开始考虑一周的工作，这是一项十分重要的工作。他把本周内所要做的事情一一列在黑板上。之后就在去餐厅与秘书一起喝咖啡时，把这些考虑好的事情——小至职工的孩子入托，大到公司的方针和计划，几乎他认为重要的事情都一起商量一番，然后做出决定，由秘书具体操办。

赖福林的时间管理法，极大地提高了自己的工作效率，推动了企业整体绩效的提高。

要想有效整理自己的时间，可以尝试按照下面几点去做：

1. 分清主次，有计划地做事

对一天的工作，要先进行整理，看看哪些是既重要又紧急的，哪些是重要而不紧急的，哪些是不重要而紧急的，哪些是既不重要也不紧急的，分清事情的主次，应该先做哪件事，后做哪件事，做到有的放矢，从容不迫。

2．正确处理突如其来的杂事

对待突然插进来的无关紧要的电话、突然出现在桌上的文件等杂事小事，要敢于说“NO”，或者暂时放到一边，别打乱了自己的工作思路和计划。

3．用合并同类项的方法做事

在同一时间段里，把几件事情的发生地点都圈在同一区域内，尽可能搭顺风车，也可以利用别人提供的顺便机会，搭客户 A 的车去见客户 B，少走弯路，减少无谓的时间消耗。

4．专事专办

在做一些重要而棘手的事时，专门设立一个时间段，在这个时间段内，要避免打扰，更不能改变初衷去做别的事。

5．事情总要一件一件地做

先集中精力做好一件事，然后再去做下一件事，这样才能保持头脑清醒。

6．充分利用时间

使每一分钟都有所收益，还要学会与浪费时间的人划清界限，有些人总是整天无所事事，若参与他们的无聊对谈，就休想成为一名有效利用时间的高手。如果有人找来，希望和你聊上一阵，可以直截了当地拒绝他，让他明白现在不是闲聊的时间。

大多数重大目标无法达成的主因，就是因为人们把大多数时间都花在次要的事情上。所以，必须建立起优先顺序，然后坚守这个原则。

提前准备，保证工作效率

穷忙的人往往会存在这样的想法：计划是一种约束，反正大家努力奔着最好的业绩出发，勇往直前地努力就可以了，没必要自己捆住手脚。

工作中也存在这样的情况：公司里的大部分人都没有按照计划工作的习惯，计划虽然做好了，工做起来还是我行我素，公司的管理人员也没有维护计划的习惯，项目开始没多久，计划就被完全撂到一边了。这种情况大都存在于一些规模较小，还处在“求生存阶段”、没有竞争能力的公司里。

如果自己能制定一个高明的工作计划表，一定能真正掌握好时间，在限期内出色地完成老板交付的工作，并在尽到职责的同时兼顾效率。正如一位成功的经理助理所说：“你应该在一天中最有效的工作时间之前制定一个计划，仅需20分钟就能制造出几个小时的高效工作。”

工作计划和项目计划好比一张交通图，它能指导工作和项目以最简洁有效的方式达到目标，即使工作计划没有被列成条条框框，至少也要在脑子里形成一种印象，只不过这种计划比较粗糙和模糊而已。

为什么每个工作和项目都需要一份计划呢？

第一，通过制定计划，能够了解自身工作和项目的有关事项，让工作能够有通畅的流程。知道每一步做完，下一步应该做什么。避免做完一些任务就盲目得不知所措，大大提高了工作效率和进程的速度。

第二，可以避免因忙碌而忘记一些重要的事情。

第三，通过计划，可以使一些支配性工作及并行工作及时得到安排，避免因工作计划不周全，造成各子流程之间的相互牵掣。

工作计划其实没有必要做得如一般人想象的那么复杂和繁琐，只要自己能够看明白就可以。

计划做出来之后也不是一成不变的。计划不能被固定死，在任何情况下都不变通，这点在实施过程中尤为值得注意。俗话说“计划赶不上变化”也有一定的道理，我们在实际工作中要让计划能赶得上“变化”才行。由环境引起计划的变更，我们一定要保留旧的计划表。在总结的时候，需要阅读旧的计划表来分析自身工作的完成情况。总之变化的计划要更加完整才行。

计划可分为长期、短期和每日计划。长期计划是指超过一个星期但三个月内必须完成的事。短期计划以周为单位，列出未来一周要完成的工作，以及如何完成这些工作的行动细节和目标。每日计划是工作计划中的最高境界，每天需要花 10 ~ 15 分钟计划一下当天要做的事，这样做便不难发现每天的时间宽裕而高效，是一件成本低而获利高的时间投资。

如果有时间还可以把每天要做的工作列出一份计划单，排定其优先顺序，每当完成其中一项时，就把它从计划单上划掉。如果发生临时状况，要先评估计划中事情的重要性再依序处理。每一天工作结束之后检查一下计划单完成的情况，看有哪些尚待处理或者变更了的事情，如果重要就继续把它们列到工作计划单上，明天继续执行。

如果你有拖延的毛病，就要把完成工作的期限定得死一点儿，让自己没有机会去拖延和耽误。提高工作中的效率，克服因为拖延引起的弊端，要经常提醒自己必须按时完成工作，否则后果不堪设想：尽量把后果想得严重些。如果自己能按时完成工作计划，也要给自己来点小奖励：比如看个电影、吃顿丰盛的晚餐……来提高完成工作计划的乐趣。这样会使自己清醒而坚定地去执行以后的工作计划，不再沉溺于毫无意义的琐事之中，工作效率也会大大提高。

只要你按照以上几点去做一定会改掉浪费时间的毛病，成为一个善于利用时间的人。办事效率将会得到快速提高，工作业绩也将明显得到改善，你也会通过业绩的提升获得应得的财富。

掌握ABC分析法

懂得节省时间才能算得上是高效使用时间，人们在研究如何让工作高效的时候，总结了 ABC 分析法。

在意大利，一名学者联合 3 家学校组织了一次试验，这个试验的目的是考察少年对时间观念和事情轻重的分辨能力。试验的器材也很少，只有水壶、墩布和各种吃饭用具。这名学者把这些器材的摆放顺序依次打乱，然后又把试验者按照学校分为 3 组，并告诉他们试验的做法。其实很简单，只要把各种吃饭的用具收拾干净，把水壶里的水烧开，把地用墩布拖干净，然后再去写一篇单词。

第一组试验者，首先做的是收拾吃饭用具，其次是拖地，然后是烧水，最后才是写那篇单词，一共用时 20 分钟。

第二组试验者，首先是写单词，其次是收拾吃饭用具，然后是拖地，最后才是烧水，一共用时 20 分钟。

到了第三组试验者，首先是烧水，在烧水的过程中，他们先收拾吃饭用具，其次写单词，然后是拖地，而做完这一切后，水也刚刚烧开。用时一共是 10 分钟左右，要比前两组试验者足足少用了 10 分钟。

策划这个试验的学者叫弗雷多·帕雷托，是 19 世纪意大利著名的经济学家，也就是因为这个试验，他首先在经济和管理领域引进 ABC 分析法。

ABC 分析法又称为 ABC 管理法，它是运用数理统计的方法，对种类繁多的诸多事务的因素，根据其特征以及对当事人的重要程度来进行分类排队，以抓住主要矛盾，分清重点与一般，有区别地实施管理的一种定量科学分类管理技术。其目的是把主要精力集中于重点问题的管理，并兼顾其他问题。

ABC 分析法如下表所示：

A级任务	B级任务	C级任务
极其重要 数量占15% 价值占65% 自己干，不授权	重要性一般 数量占20% 价值占20% 策略性规划，规定期限	不太重要、不重要 数量占65% 价值占15% 授权、删减

在确立工作次序的时候（假设都以 ABC 为主要标记符号），首先应该列出清单，其次是在那些你认为最重要的条目上标明 A，在那些一般重要的条目上标明 B，在那些最不重要的条目上标明 C。其实在这个标记的过程中，完全是根据你个人对这件事情的重要价值和时间安排上的一种估量，因为你并不确定现在这种排列方式是否适合你这一天的时间。当然，不同的人对时间的安排有不同的理解，而且一天当中总会有几件突发事情。

然后将不同的条目进行对比，通过 ABC 这种排序方式，轻松地便可以将清单上的所有条目次序完全标记出来。

A 级标记用于那些最为重要的活动，所以你应该把大部分时间花在 A 级活动上，然后才是 B 级和 C 级活动。在这中间，你还要考虑到你每天的时间只有 24 个小时，而且不同条目的紧迫性和重要性也不相同，所以你就需要再对 A 级、B 级、C 级 3 类级别做进一步细分，比如你可以把 A 级活动分解为 A1，A2，A3，A4……

但是，这里所说的 ABC 三种级别的事情只是和你的时间相对，它们需要被完成的先后顺序完全取决于这件事情对你所要获得的价值的标准。

你可能会因为某件工作所带来的结果而把这件工作列为A级活动，但如果在完成工作的过程中，你发现自己并不喜欢这件工作（A级），你很可能就会将其改为B级或C级活动。

既然这样，你一定会对自己产生怀疑，因为你把一件不喜欢的事情列为A级活动，而把喜欢的事情列为B级或C级活动。但是，我们要建议你，即便不喜欢所列的A级活动，你还是要强迫自己把它做完，因为这种A级活动是根据你所有事情中产生最高价值的事情而做出的排列。

例如，一位经理人员把每天要做的事情按照ABC的方法排列，A级活动是填写一份英文报告，B级活动是和同事或者下属一起谈谈工作，C级活动是回家和孩子共度周末。在填写英文报告的时候，他才发现，在此过程中他一直在思考着和同事或者下属聊天的内容，以及该给孩子买什么礼物。因而渐渐对这项A级活动失去兴趣，但他知道这项A级活动对他们公司的影响很大，他强迫自己把思路转移到A级活动上去，直到英文报告填写完。

当然，你还可以根据清单上的内容来调整你的次序安排。A级活动通常是那些明显比B级和C级活动重要的活动。就如同在油画作品中，那些引人注目的东西——明快的色彩和前景细节，往往能够在背景的衬托下立即抓住观众的注意力。

优先次序还会随着时间的推移而变化。比如今天的A级活动可能会变成明天的C级活动，而今天的C级活动可能到了明天就成了A级活动。你需要不断调整自己的次序安排，以便最有效地利用当前的时间。

一位公关部门的经理，今天原本要把一件在晚会上穿的礼服送去洗衣店，但上司告诉她必须出席一场重要的会议，不然公司会蒙受巨大的损失。从中我们可以看出，上司指派的会议是这位公关部门的经理必须面对的一项A级活动，而把晚礼服送去洗衣店就成了C级活动。但到了第二天，这位公关部门的经理又接到上司的电话，让她跟着他出席晚上的一场聚会，而恰恰由于昨天那场会议，这位公关部门的经理没有把晚礼服送去洗衣店清洗，那么原本在昨天是C级活动的事情在今天一下变成了A级活动。所以，这位公关部门的经理就必须把晚礼服在中午以前送到洗衣店。

由此我们看出，如果想防止这种C级活动变A级活动的事情发生，就要根据你决定在某件事情上投入的时间来猜测可能发生的几率。但有的时候，你也会把C级活动主观地变为A级。例如，你或许会花几个小时来完成一次会议上要说明的问题材料（因为这次会议，你的上司也会来听）；或许你会花几个小时打扮去参加一场有高级人物的晚会；或许你会花几个小时来完成一项在你看来并不重要、但对上司重要的事情；或许你每周只有一个小时的时间来陪家人等。

一名公司小职员在调查后发现，自己的大部分时间，包括星期六和星期日，都几乎用在陪上司忙这忙那（根本是一些无关紧要的事情），只有极少的时间去照看父母、关心孩子和妻子、去与朋友聚会，以及去做一些自己想做的事情。其实他也并不希望这样，可是只有这样，他才有机会和上司接触，得到升迁的机会。

如此这样，公司职员通常都把大部分时间花在和工作性质没有直接关系的事情上，而忽略了其他重要的事情。

秩序是效率的第一法则

在华盛顿国会图书馆的天花板上写着著名诗人波鲁的一句话：秩序是效率的第一条法则。

在日常生活和工作中，我们会养成各种各样的习惯。有些习惯可能不好，但不会造成什么严重的后果。而有些则是我们获取幸福与成功的最大阻碍。我们应该坚决改正它们，将它们摒弃，不然这些恶习将会对我们的生活产生恶劣的影响。我们要培养各种良好的习惯，这会让我们终生受益。

1. 首先要保持桌面干净，拿走不用的纸张，只留下与正要处理的问题有关的东西

这个习惯会让你更容易、更快捷地处理工作，同时它能使你工作起来有头绪。新泽西州的一位报纸发行人说，有一天秘书帮他清理了一下办公桌，结果发现了一台找了好久都没有找着的订书器。如果办公桌上堆满了东西，很容易让人产生混乱和无所适从的感觉。更糟糕的是，这会让你觉得自己还有很多事情要做，而且永远也做不完。长时间受这种情绪影响，会使你忧虑地患胃溃疡、高血压、心脏病。

芝加哥西北铁路公司的董事长罗德·威姆斯认为，提高效率的第一步就是把桌子上堆积如山的文件仔细清理一下，留下亟待处理

的一件事情。这样工作起来更容易，也更方便。

宾夕法尼亚州立大学医学院的药剂研究室主任约翰·斯托顿教授发表过一篇论文《机能性神经衰弱引起的心理并发症》。这篇论文中列举了11条容易诱发心理疾病的情形，其中第一条就是：“一种被强迫的感觉，没完没了的待办事项。”把桌面清理干净这么简单的事情，真的能避免这种现象发生吗？著名的精神病治疗专家威蒙·德萨尔曾经做过这方面的临床实践，并得到了满意的效果。

芝加哥一家公司的高级主管山姆每天埋头在办公室里，处理着好像没完没了的工作。他第一次到德萨尔诊所的时候，已处在精神崩溃的边缘，他的脸上写满了焦虑、紧张。他告诉医生，在他的办公室里有3张大写字台，上面堆满了东西，他每天都把全部的精力投入到工作中，可工作似乎永远都干不完。在与德萨尔仔细地交谈以后，他回到办公室的第一件事就是清理办公桌，最后只留一张写字台，当天的事当天必须处理完毕。从此，他再也感觉不到没完没了的工作的压力了，工作的效率也提高了，身体也逐渐恢复了健康。

2. 根据事情的轻重缓急来安排工作顺序

亨利·杜拉提是全美最大的市政公司的创始人，其分公司遍及全美各地。他说，不管他出多么高的工资，也找不到一个具有两种能力的人。这两种能力就是：能思考，能分清事情的轻重缓急。

默默无闻的查理·卢西曼经过12年的努力，成了家喻户晓的派登公司的总经理，年收入过百万。在分析自己成功的原因时，他认为自己具备了杜拉提所说的那两种能力。卢西曼从自己的记忆所能想起的时候起，就每天清晨5点钟起床，此时是每天头脑最清楚的时候，这个时候他开始计划当天要做的事，并把当天的工作按重要程度安排好。

长期的工作经验告诉我们，没有人能始终按照事情的轻重程度去办事。但经验表明，按部就班地做事，总比想到什么就做什么要好得多。

在每天的工作中，有些人做起事来有条不紊，工作效率很高；而有些人却忙得晕头转向，工作效率很低。究其原因，并不是后者的工作量比别人大，而是他们不知道自己到底有多少工作，应该先做什么。因此，要提高效率，就要先安排好工作的顺序。

做报告力求简约而不简单

“一目了然”往往比“繁琐冗长”更能体现出效率，也更能节约时间。写报告也是如此，简约而不简单，不但可以体现出超强的办事效率，也可以给人一种精明干练的感觉。

我们在工作中免不了写报告、做方案。如果写报告的时间拖延起来，不仅让人烦心，还会造成工作时间的浪费，直接降低工作效率。

写报告如同穿衣服，不知你有没有听说过这么一句话："十件单，抵不上一件棉。"这是穿衣服很肤浅的道理，意思是穿上十件单衣却还不如穿一件棉衣暖和，形容费了很大力气却没能达到理想目的的行为。

工作中经常会出现这种情况：辛辛苦苦、费尽心血做出来的方案，老板只是粗略地看一遍就否定了。这时内心会是怎样的感觉？大骂老板有眼无珠？如果换位思考一下就很容易找到答案：报告冗长、空洞乏味没有深层意义，看起来既麻烦又得不到想要的内容，白白浪费了老板的时间和自己熬夜的心血，老板无论如何也不会接受这样的报告或方案！即使你的报告写得很好，老板又哪里会静下心来看那么繁琐的文字？有时老板要的仅仅是赚钱的可行办法，而你只要以最快的方式拿出简单、可行的办法，让他一目了然能够看到效益，而不是拿出一篇文字功底扎实的论文。

小王是某公司销售部的主管，业绩一直不错。他一心想通过努力坐上高级管理层的位子。

苦苦等待的机会终于来了：他们这个地区的业绩做得相当好，所以地区总经理被调到别的地区去了，而原来的副总很自然地就提到了正职的位置上，副总原来的位置也就空下来了，公司的常委会决定从下面有能力的几位主管当中提拔一位，填补这个空缺。

几个有可能升任的主管都跃跃欲试、明争暗斗，拿出了各自的看家本领争取这个位置。小王也不例外，因为他的业绩相当突出。

经过常委会层层考核，小王和另一个部门的主管小刘，进入了最后的候选名单。最后一关就是由刚刚升任的总经理亲自考核。

半个月后名单公布下来了，小王的职位没有变动，还做他的部门主管，胜利的自然是同他竞争的小刘。这令小王百思不得其解，细细想来，这其间总经理只让他们做过一份关于销售的报告，而那份报告小王是用了几天的时间精心写出来的，他自认为比竞争对手小刘的只强不差。

名单公布的第二天，总经理让秘书把小王叫了过去，一是为了安抚小王落选后失落的情绪，让他再接再厉好好工作；二是向他解释一下为什么没有让他升迁的原因。

总经理对他说："作为一个高层管理者，学会写一份有价值的报告是很有必要的。你写的报告我已经认真看过了，里面分析的问题很详细、说得也不错！这个是小刘的报告，你看一下就明白为什么没有提拔你而提拔他了！"说着从抽屉里拿出一份报告摆在小王面前。

小王心里也一直在纳闷，是不是小刘在报告里做了手脚。看过小刘的报告才知道，问题果然就出在报告上：小刘的报告虽然文笔没他好，但是小刘在长长的报告后另附了一份几百字的简要概括，看起来果然不同凡响，把整个报告的精华叙述得一目了然。

小王终于弄明白了，他进入高级领导层的梦想就是被一份小小的报告毁掉的。

报告的力量就是这么大，有时甚至更大。很多人一天的工作已经非常的忙碌，根本没有足够的时间仔细阅读报告方案。如果你在给他的报告里附上一份简洁的概要，对方接到报告时就会先阅读这份概要，通过阅读这份概要能节省时间，快速了解报告的内容从而迅速做出决策。

如果没附上概要，由于事多人忙加之又讲求效率，故而谁都不会有耐心看那些没有中心思想的长篇大论。

报告要做到简约而不简单，能够为工作节约大量的时间。效率就是这样提高的，节俭办公也是这样实现的。

在时间管理上分清主次

有的人一天主管很多事，但还“胜似闲庭信步”，而有的人一天到晚忙不过来却还是一事无成。造成效率悬殊的原因是多方面的，而有一点是不能忽视的，那就是在时间管理上是否分清了主次。

一位企业老总说过这样一段话：“在实施一周日程安排之前，一旦电话铃响，我就会跳起来，如果某人通知我一个委员会会议，我就会去。而现在我会说：‘我很想去，但是那个时间我已经答应留给我的女儿了。’有时由于工作的关系我必须取消与朋友的约会，但是若会议重要，我会重新安排，除非事情很重要，否则，不会进入我的日程安排。”

这确是成功人士的经验之谈，其实，我们的生活也真应该如此，不仅安排时间顺序，还要分清主次。这样，你的生活才不会混乱。例如：如果现在有人告诉你，你的一位好朋友遇上了严重的问题而急切需要帮助，你很可能立刻放下手中的书本而伸出援助之手，为什么呢？在你事先确定好日程的情况下，这件事情也可以随时加入到你的任务瓶子里。这就是任务瓶子不能太满的原因，只有这样你才能不被临时的良知事情搅乱全局。

既然在时间上分清主次这么重要，那么我们到底该怎样做呢？下面是李开复自传中的一段话：

我的职业消耗了我的绝大部分时间，但是这个现象已经停止了。我感觉如释重负，重新享受生活，我完成了越来越多的工作，而仍然有足够的时间来履行我的其他角色。我的生活重新趋于平衡。

我发现了大量高质量的时间。过去，我总是说："每天都觉得时间就是不够，每周只有 7 天，总是觉得不够。我有太多的事情要做。"现在我发掘出了大量的时间，虽然偶尔还会陷入老习惯，但我的内心却感到轻松安详，因为我了解自己的生活已经稳定和平衡，我能够很快调整，很快适应。虽然仍要匆忙赶路，要应付时不我待的工作危机，但是我获得了回报——我能留出一些时间给自己，而且我知道，确实知道，这与任何客户的紧迫需求或其他大事同样重要。过去我以为我必须对一天中的每个小时都做出计划，现在我明白了，关键不是规划每一个细枝末节而是要贯彻要事第一。

最显著的变化是与孩子们的关系，周一是个令人高兴的日子，女儿去骑马，儿子去参加橄榄球训练，而且全家在此期间会找时间一起去吃顿饭，计划一周活动时，我向妻子建议把周一作为与孩子们在一起的特殊日子，每人带一个孩子，训练后出去吃一顿饭，我们的注意力放在孩子们身上而不是其他，这样进行了两周。在这一天，我们把与孩子在一起看成是最主要的事情。上周一，当我们步出快餐店走向汽车准备去训练场时，儿子拉着我的手说："周一是我最喜欢的日子，爸爸，我不在乎你们哪一个陪着我，我就喜欢和你们谈话。"

知道了吧？显然，分清主次在我们的生活中，是一件重要的事情，这样才能给自己留一些时间去享受生活。假如还像以前，无论什么事情都往日程里安排，把一个人分成两部分，也是不能圆满，所以，分清主次是高效享受生活和完成工作的前提。只有把事情有主有次地分离出来，才能避免浪费更多的宝贵时间。

一天只完成几件重要的事

每天清晨一张开眼，我们就应思考今天这一天该如何度过以及在自己的人生时间轴上今天如何定位，才能利用好这一天的时间。

我们生活在争分夺秒工作的社会环境中，我们的愿望、梦想、期待与欲望及与其相关的计划，何时做，何时完成，都是在安排每一天的时间中渐渐积累实现的。它们就是我们要思考如何“行程”的材料。

俗话说：一口吃不成一个胖子。在安排行程表时必须注意的，就是不能贪心，把自己的行程安排得满满的，而没有重点，这不是一个明智的选择，因为在这个年代，盲目的忙碌只会使自己身心疲惫，事半功倍，空不出时间思考，缺乏自省，这样的人只是一个不停运转的机器。

当然，你可以将行程表安排得滴水不漏，但是，你必须对什么是真正重要的事做到心中有数。安排行程表的原则就是，一天只要达成几件真正重要的事，就足够了。一周的计划也是如此。

绝不要超过这个限度，这是最理想的。一个人最好不要意图安排自己无法实现的时间表。还要分辨何者真正重要，不为无谓的事浪费时间与精力，如此就能拥有许多令人兴奋的一天。

当然你的计划表范围应该要广泛，但绝不能事事包揽，否则做起来很可能会力不从心。

企管顾问艾维·李对施瓦布说：“我可以教你如何提高公司的效率。”施瓦布问：“费用是多少？”李说：“如果无效的话，免费；但如果有效，希望你能拨出公司因此省下的费用的1%给我。”施瓦布同意说：“很公平。”接着施瓦布问李要怎么做。“我需要与每一位高级主管面对面谈10分钟。”施瓦布答应了。李开始与所有高级主管会面，他告诉每一位主管：“在下班离开办公室前，请写下6件你今天尚未完成，但明天一定得做的事。”主管们都同意这个做法，在开始实行这个计划后，他们发现自己比以前更专心了，因为有了这张表，他们会努力完成表上的事情。

不久之后，公司的生产力有了显著的改善，几个月后因为效果惊人，施瓦布开了张 3.5 万美元的支票给李。

巴菲特有句名句 :“重要的环节，经常只占整件事的 20%。”这是令人难以想象的真实。生活应该是很单纯的。因此，不要把事情“复杂化”。而事实上，让事情变得复杂的，不是别人，而正是你自己。

|第五辑|

学会统筹兼顾，合理分配时间

我们不得不承认，任何一个人一天，乃至一年的时间都是有限的，但是我们要做的却很多很多。很多人往往是做了这件事耽误了那件事，顾此失彼。如何把有限的时间合理地分配到很多很多的事情中去，这需要我们学会统筹兼顾。只有学会统筹兼顾，才能最大可能地做好每件重要的事，顾及到每个人，做到忙而不乱。

掌握时间的肌理法则

人的一生是在不断超越自我中前进的，时间对每个人都是公平公正的，不论你是懒惰的还是勤奋的，不论你是进步还是落后，你拥有的时间是同样多的，能不能合理地分配你的时间，除了要掌握前面的几条时间法则外，还要看你有没有掌握时间的肌理法则。

“肌理”顾名思义就是皮肤表面的纹理，时间的肌理法则告诉你一定要全方面多角度地设计和利用你的时间，只有统筹兼顾地去利用和安排你的时间，才能合理地分配你的时间。

合理地分配时间依赖于统筹兼顾这个时间法则，但怎样才能统筹兼顾呢？

上小学时，语文是刘文的强项，可数学成绩一直不太理想。因为受数学成绩的影响，刘文的中考成绩肯定会非常不理想。可刘文又不知怎么才好，心里十分困惑。

有一天，班主任把刘文叫到办公室说要跟刘文好好谈谈，于是刘文带着恐惧来到办公室。紧张兮兮地清了清嗓子，问道：“老师找我有什么事？”班主任面带微笑地对刘文说：“你的数学成绩怎么一直不好？是不是不爱这门课程？还是没注意听讲？”

刘文唯唯诺诺地说出了的苦衷，实际上刘文并不比别的同学差，上课注意听讲，平时学习也很用功，刘文也希望尽快提高数学成绩，但总是不能实现。

班主任听后，说："对不起，请原谅我的误会。我一直认为你是一个很优秀的学生，平时的表现我也多少有一些了解。我们的要求是全面发展，数学成绩不好就会影响你的总分数。要想把数学成绩提高到一个新水平，是一件不容易的事，它需要一定的时间，同时也要合理地安排好你的学习时间。不要避重就轻。当然不能把学习时间总放在提高数学成绩上，而是在学好了语文的基础上，把时间偏向一点数学课程，这样你很快就会成为一名优秀的全面发展的好学生了。"

于是，在以后的学习中，刘文在学好语文课程的基础上，利用放学后和早晨的时间更加注重于数学，并制定了学习计划。

虽然事情过去了很多年，但刘文仍清晰地记着当年的学习计划：6：30放学，6：40到家，6：48准时翻开书复习当天讲过的数学课程，其中20分钟吃饭时间，8：30休息，第二天早晨4：30起床，洗漱完毕后做10分钟眼睛保健操，5：00开始背诵昨天学过的成语和词汇，6：00温习昨天的数学题一直到上学时间。

虽然时间并不太长，可是刘文的数学成绩大有好转，不到一个月刘文的数学成绩就上了一个台阶，第二年刘文的两门课程同获优秀。在一次测验时，刘文取得了语文、数学全班第一的好成绩。

刘文认为这种做法对自己很有效，所以一直把这种习惯延续到现在。

刘文的事例说明统筹兼顾与没有统筹兼顾有迥然不同的两种效

果。经过统筹兼顾以后，你的一切比原来都会有一个很大的改观。

其实，利用时间就得要统筹兼顾，只有合理地分配好时间，才能够有效地利用时间。

好多人只顾眼前一点，将其他都抛到九霄云外，从而犯了顾此失彼、以偏概全的错误，造成生活中一些烦恼和忧愁如影随形。要想做生活的多面手，就必须多方面发展，只有掌握了知识的全面性，才能成为一个成功者。

时间更是如此，要想充分利用好时间里的每一分钟，就要多方面、多角度地去利用和安排，努力发现一些“隐形时间”，好好地利用，这样就能使时间安排富有肌理性。

当然，要想统筹兼顾利用时间很不容易，需要你合理地安排和发现。如果一时失误，就很难做到，甚至会被一些东西误导。

只有用心地去发现一些“隐形时间”，然后去合理地安排，利用它，才能会让时间为你服务，才能够做到统筹兼顾，才能提高你的学习和工作效率，从而达到合理分配时间的效果。

24小时的统筹兼顾

时间是什么？谁能有一个具体的解释？人们都知道时间是用秒、分、小时、年月日……来计算的。你别小看这看不见、摸不着的东西，凡是活着的人都离不开它，你的每一个细小举动都是在特定的时间范畴内产生的。

造物主给每个人分配了相同的时间，为什么有的人就能成为高效能人士，而有的人却还在生活的底层痛苦地挣扎呢？原因该到哪里去找呢？

前者在时间上运用了统筹兼顾的法则，这一法则起到了肌理分明的作用，使他们做事面面俱到而又有条不紊。而后者却不然，丢三落四不说，还弄得自己手忙脚乱。

那么，什么叫统筹兼顾呢？就是当你每天面临一件或几件事时，能给这些事合理地安排时间。比如说，一天有 24 个小时，你可以这样安排时间：

每天需要休息，把休息时间安排在 22 ： 00 ~ 6 ： 00 这段时间内；每天早上要吃早餐，要了解早晨的新闻，把这两件事安排在 6 ： 00 ~ 7 ： 30 这段时间；早饭后去单位估计用去 30 分钟，你可以利用这段时间对一天的工作做一个大概的安排，8 点钟准时到达工作地点，你必须准时，千万不可以迟到！

8 ： 00 ~ 16 ： 00 是工作时间，在这段时间内，你可得兢兢业业，自己的工作一定要在这个时间段全部完成，如果有遗留工作，等待明天去完成，这样就打乱了你的作息制度，当然，也就失去了统筹兼顾的意义。

16 ： 00 ~ 16 ： 30 是回家的时间，在这个时间内你完全可以想一下回家以后要干什么。或者你也可以回顾一下今天的工作情况，你完全可以对自己做出的成绩高兴一会儿。

16 ： 30 ~ 22 ： 00 这段时间便是你的机动时间。这时，你自由了，完全轻松了。你可以拿起球拍找一个你心仪的女孩，痛痛快快地打一场球。或者去拜访一下你的老师或同学，联络一下感情。

要不就去看一场获得奥斯卡金像奖的好莱坞大片……这一切你都可以去做，都是有意义的，都是有助于你发展的，只要你开心，尽管去做吧！但千万不要忘了 22 ：00，到了这时，你就得休息了，如果过了这个时间，你还没有睡觉，第二天的精力就不会像以前那样充沛，那么你的工作效率也就打了折扣。

这样统筹兼顾地安排你每一天的时间（当然，你可以根据具体情况另订自己的作息时间表），你的生活不就井井有条了吗?

如果你能按照上面统筹兼顾的法则去安排时间，你的每一小时、每一分钟都不会浪费，不论你干什么事，在你判断出事物的性质以后，你就能给它安排出最短时间，并把它完成得最圆满。那样你也就真正领会了统筹兼顾的要领。

克尔顿在佛罗里达州是无人不知，无人不晓。为什么他的知名度如此之高，那是因为他曾代表佛罗里达州参加了美国的全民运动并捧回了一块金牌，所以一下子成了公众人物。那么，他的一天是怎样度过的呢?

每天早晨 5 点他准时起床，与普通人生活规律不一样的是，他起床后的第一件事是到公路上进行长跑训练，在长跑过程中还不时地和来往的车辆打招呼。这是为了增添训练中的趣味。跑上 20 公里后，再返回来，回到家里已经是 7 点了。

洗漱完毕开始吃早餐，早餐过后，他背起书包，这时正好 7 ：30，到 8 ：00 正好跑到学校，这一段路程是 8 公里。8 ：00 ~ 16 ：00 是他在学校里学习文化课的时间。因为精力充沛，他学习成绩一向很好。16 ：00 ~ 17 ：00 是课外活动时间，因为爱好与兴趣广泛，文体项目样样精通。课外活动时间也是他为同学们在篮球场上做“体育表演”的时候，同学们经常为他一个绝妙的进球大声喝彩。无论怎样高兴，克尔顿都能很好地控制自己，决不会玩过了头。17 ： 00准时向家里跑去，17 ： 30到家，放下书包，稍稍休息，18 ： 00便又开始了比早晨短一半路程的长跑。19 ： 00便又回到家里，这时晚饭再过10分钟就好了，这10分钟正好是克尔顿洗漱休息时间，20 ： 00晚饭结束。开始观看一天电视新闻，21 ： 00 ~ 21 ： 30复习当天的功课，21 ： 30分便上床睡觉了。

这便是克尔顿的一天，就因为他有这样“肌理”分明的每一天，所以能从纽约捧回一块金光闪闪的奖牌。

当你看到这里，对克尔顿能捧回一块金牌还感到惊奇吗？他就是再捧回一块金牌也不让人意外。可见，在时间上统筹兼顾的作用就是这样明显，它不但能让你合理地分配时间，还能大大地提高你的办事效率。

该怎样度过365天

在一年中你当然要有几件大事要完成，当然其中也有一些小事需要你同时完成。如果你一味追求大事，而忽略了小事，那小事也必将影响你的大事。为了能面面俱到地把这些事做好，你必须学会一年的时间怎样统筹兼顾。

一天的时间，可以把它分解成小时来统筹，一年的时间把它分解成“天”来统筹。有人也许会问：为什么不用季度或月为单位进行统筹呢？我们的回答是，因为用天为单位要比用月或季度精确得多，“肌理”更加分明。

谁都知道一年有 365 天，那么你的每一天都能做些有意义的事吗？你可能又要说谁能有那么多有意义的事？其实非也，只要你细心思考，你每天做的都是有意义的事情。

比如某一天，你学会了几个单词，明白了一道数学难题，这都是有意义的事。

可是你该怎样一天天地统筹这一年的时间呢？

首先你要预计和确立一年里有几件大事要完成，接着你就着手制定把某件事放在某个时间段里来完成。这样，几件大事和完成它们的时间都明白地摆在了你的案头。

鲁宾斯是一个面临着考大学的少年，他有 7 门功课要进行复习，可是距考试时间只有 130 天，他必须要在这一段时间内把 7 门功课都学好，否则他很难迈入大学的门槛。于是，他为自己制定了一个复习时间表。

他的数理化成绩一直不错，所以这次复习只用 45 天，每门功课用 15 天的时间进行复习，基本可以了，应付高考应该游刃有余了。

最让他感到头痛的是语文和法制课，这两门课一直以来便是他的弱项，所以这两门课成了他的主要突击对象，他为这两门课安排了 60 天的时间，他认为每门用 30 天的时间来完成复习，相信会有一个很大的进展。

剩下 25 天的时间，他安排在体育锻炼和历史的复习中，因为这两科对他来说也应该算是强项，所以他安排了比较短的时间。

通过这样合理地时间统筹，他很顺利地通过高考，进入了加州大学，从此开始了他在另一种环境中的学习和生活。

他不像有的人一进入大学就好像有了某种保障似的，思想开始懒散起来，而是感觉前面有座更高的山需要他去翻越，所以要更加勤奋起来。为了不使自己忙中出乱，顾此失彼，他为自己做了一个很不错的学习时间表。

如果你的学习成绩像鲁宾斯一样好，你便可以用双休日和假日去旅游、去冲浪、去爬山、去冒险、去寻求刺激。你也可以利用假期发挥一下你的聪明才智满足一下兴趣爱好，搞个小发明，研究个小课题，或帮助父母做些家务。

当父母下班回家看到桌子上摆好饭菜，他们一定会很高兴，尽管饭菜可能很不可口，他们也会认为你在努力，你在进步，事实也如此。

你如果能像鲁宾斯一样把一年的时间细致地统筹起来，就会在预定的时间内完成你的人生大事。

在时间上能统筹兼顾，做起事也能兼而顾之，肯定不会丢三落四。如果你在时间上能统筹兼顾再加上你的聪明才智，往往能同时完成几件事，会收到意想不到的良好效果。

既然统筹兼顾地利用时间有这么大的好处，为什么不赶快执行呢？想一想，如果你的目标和计划在统筹兼顾地利用时间后都能实现，你该有多么兴奋，多么激动。合理地分配时间还愁无法实现目标吗？用最短的时间获取更多的财富还没有可能吗？

要尽善尽美，就要统筹兼顾

有些事情在日常生活中可谓屡见不鲜：昨天你忘了带笔记本电脑，上周你忘了带公文包，更令人啼笑皆非的是，你竟记不住客户的名字。你不禁大声埋怨自己："瞧我这记性，真糟糕！"

不知你想过没有，这些都是你没有做到时间上统筹兼顾的后果，不仅浪费了很多时间，而且也给自己带来了不便和尴尬，从而严重影响自己的生活和工作。

如果你能对这些生活琐事了如指掌，把你的时间多方面、多角度地进行分配，尽量做到统筹兼顾，那么，不但节省了时间，同时也能提高你的工作效率，还可以少丢面子，一举多得啊！

吉姆的朋友讲了这样一个故事：

他在英国驻美大使馆见到了一位叫蒙杰菲的工作人员，她的热情和周到让他实在感动，他说蒙杰菲是他一生中见到的惟一能让他如此激动的人。

于是他与蒙杰菲进到了一次长谈。蒙杰菲说："母亲是一个凡事要求尽善尽美的人，她不能原谅一件事没有做好。比如刷马桶，我使劲刷了几次还是刷不干净。母亲不说话，自己挽起袖子就刷，不管做什么事，最终的结果是我做不到的，她都做到了。

“当时，我认为这是一种很可怕的教育方式，但事实上，在她的影响下，从小我就懂得一个道理，做任何事要想做到尽善尽美，就必须会统筹兼顾地安排好时间。

“上大学后，我才知道自己的成绩跟别的同学比起来确实有一个很大的差距。有一天上课老师提问了我一个简单的问题，第一遍没听懂，第二遍听懂了，却不知道该怎么回答，于是我僵在课堂上。老师让我坐下，我难受极了，觉得很丢脸，不坐也不说话，顽强地忍着眼泪不流下来。

“老师也很恼火，接着上课，于是完全不知道该怎么下台的我就整整站了一节课，什么也没听进去。下课后，跑到后院的操场上大哭了一场。这时候我开始反省，哭有什么用，慢慢想明白了，以后只要好好地、统筹兼顾地安排一下自己的作息时间，中午饭没吃就去找老师道歉，并说出了那个问题的答案。

“从那以后我就下了决心，一定要成为最好的学生。开始总以为大学课程会有什么捷径，问了很多老师和同学，最后才知道，没有什么捷径可言，惟一的正确答案就是勤奋努力，充分利用每一分钟。所以我非常用功，每天晚上打电筒学到12点、1点，清晨5点起床，不管多冷，都对着大树大声地念，大声地背，把头一天学的东西翻来覆去地弄好几遍，直到完全掌握，才去吃早餐。

“就这样，四年以后我终于以全年级第一的好成绩拿到了毕业证书。大学毕业后被分配到了驻英大使馆做接线生。

“也许，有些人不喜欢做接线生这份工作，我却做得很带劲。

“为了继续统筹兼顾地利用好时间，我把使馆所有人的名字、电话、工作范围甚至连他们家属的名字都背得滚瓜烂熟。有些电话接进来，有时不知道该找谁，我就会多问问，尽量帮助他们准确地找到人。慢慢地，使馆人员要是有事外出，并不是告诉他们的翻译，而是给我打电话，告诉我会有谁来电话，请转告什么，我成了全面负责的留言台，有很多公事、私事也委托我通知、传达。这样我也越做越来劲，不怕烦、不怕累，就怕没事干闲着浪费时间。

“就这样，我合理地利用好每一分钟，凡事都搞得清清楚楚、明明白白，使我在接线生的职业生涯中懂得了什么叫尽善尽美，不但赢得了使馆所有人的表扬，还荣升为二等秘书。”

看到这里，你便发现蒙杰菲每一天都在精心地统筹兼顾，为得是把工作做好。这样的统筹兼顾为她能尽善尽美地做人打下了良好的基础。用这个故事对照你的生活，你便会了解到以下内容：在你的一生中，要做好多件事，如果你想做到尽善尽美，不会统筹兼顾地安排时间，是很难做到的。但是如果你做到了统筹兼顾地安排时间，就不可能不成功。不会统筹兼顾、面面俱到地安排时间，往往就会浪费生命中宝贵的时间，更没有什么高效能可言了。

在任何时候，都要做到统筹兼顾地利用时间，因为你没有统筹兼顾，你就不会发现、利用一些“零碎”、“隐藏”的时间，甚至把属于自己范畴的明显时间也会浪费掉。

不论你是“穷忙族”还是“富一族”，只有统筹兼顾地利用好你的时间，把时间的分分秒秒都进行合理地分配，才会取得优异的成绩，为自己的将来打下坚实的基础，也才能向更大的成功靠拢。

平衡角色之间的冲突

在实现梦想的过程中，很多人都痛苦地意识到自己曾忽略了生活中的某些重要领域。他们发现自己曾在生活的某个领域——如失业、体育运动或社区服务——投入了大量的时间和精力，代价却是牺牲了其他重要的领域——如健康、家庭或朋友。还有一些人虽然意识到了自己的各个角色，但却陷入各个角色之间不知所措。这些角色似乎不停地竞争、冲突以争抢自己有限的时间和精力。

我们经常听到如下感叹：

“我很想供养家庭、事业有成，但公司并不认为我想要晋升，除非我每天早来晚走、周末加班。到家的时候，我已筋疲力尽，根本没有时间和精力来照顾家人。但家庭需要我，要修理自行车、要讲故事、要辅导孩子做作业、要商量重要事务。而且我也需要家人。还没有谈到我的其他角色，我想做一个好邻居，我想对社区有所帮助，我需要时间来锻炼、阅读、或独自思考。我有那么多事情要做——而它们都很重要！我又怎能所有的都做？”

人们最经常提到的是工作与家庭之间的角色冲突，最经常说出来的痛苦是各种人际关系和个人成长方面的缺失。人们常说：“我无法那么快地做事，每天应付生活的每个重要方面。总有某些重要的事务无法完成。我做得越快，我越觉得失去平衡。”

显然，平衡是一种艺术，但是，我们应该如何培育自己生活中的平衡呢？是否只要尽快做事以便每天应付生活的各个方面就可以了呢？是否还有其他有效的途径，以便更彻底地使我们的生活改观呢？

应该怎样看待这些角色？许多西方人从小受到的教育就是把自己看作生活中独立的“部门”。在学校进不同的班级，上各自独立的课程、各有各的课本。在生物学课程中得了A，在历史课中得了C，我们从来没有想过这两者之间有什么关系。我们把自己的工作角色看作是独立的，与家庭角色毫无关联，与其他的角色，例如个人成长或社区服务，也同样没有什么关系。结果，我们或者集中注意这个角色，或者集中于那个角色。

事实上，生活是一个不可分割的整体，平衡是生活和健康的要素。我们生活的平衡不在于很快干事以应付生活。它是一种动态平衡，我们所要做的就是使各个角色之间协作增效。同样是带女儿去打网球，你可以从实现个人成长目标的角度把它看成是一项锻炼，也可以从履行父亲角色的角度把它看成是与女儿发展深厚关系。如果要视察一个工厂，还要训练一个助手，那就可以把与助手一起视察工厂看作是训练助手的一个途径。

如果我们把各种角色看作是生活中分离的各个部分，那我们就会陷入时间匮乏的心态。只有这么多时间，花在这个角色上，就意味着无法花在其他角色上。其实每个角色都是重要的。一个角色的成功并不能证明我们可以接受在其他角色上的失败。事业上的成功不能证明婚姻允许失败；社区的成功也不能证明可以不尽父母的责任。在任何角色上的成功或失败都影响其他各个角色的质量和整体生活的质量。

每周写出自己的角色能让它们刻在我们的意识中，能帮我们注意自己生活的所有重要领域。但是，这并不意味着我们要每周在每一个角色中都设定一个目标，也不意味着每周我们的角色都是同样的，或我们每周都要应付所有角色。有时我们需要在短期内把注意力集中于生活的某个方面，这可能有利于我们的人生目标；这是不平衡就是平衡。

任何有关平衡的抉择，其关键因素是与自己内心良知深刻联系。因为我们所生活的周围世界只关心人们的作为而不管其为人如何，我们很容易变得失去平衡而不再关心自己的梦想与目标了。我们的行动根据只是紧迫与否，而不再依据我们的目标了。

我们生活的每个角色都有四个基本层面：身体层面（它要求或创造资源）、精神层面（它紧密联系于目标）、社会层面（它涉及与其他人的人际关系）、智力层面（它要求学习）。当我们回顾自己的角色时，我们既要看到实现目标的精神层面，也应注意到健康、家庭、朋友等方面的角色平衡，合理的分配自己的时间。

想通览全局就要统筹兼顾

统筹兼顾就是要全面地，系统地思考问题，从而很好地利用时间，使时间能在我们的身上发挥它的重要作用。面面俱到的办事能力是我们每个人所梦想的，那么统筹兼顾在这里就有了它的用武之地。

莫里兹是一个农家子弟，自幼过着艰苦而又动荡的生活。依靠亲朋的资助，好不容易读完中学，接着又短期就读于神学院和法学院，后来考上了大学文学院。经济上的困难，使他无法完成大学的学业。因此便过早地走上了社会。

莫里兹失落之余，不得不作深刻思考，他认为自己的后天条件差很多，但先天的条件并不比任何人差。家里的经济条件虽然不好，但自己有一个聪明的头脑，上帝赐予他和别人一样多的时间，只要自己能统筹兼顾，合理地利用这些时间，相信能弥补后天的不足。

于是，他独立谋生。从不放弃一星一点的学习机会，就是在休息时也总捧着一些书在阅读，不断丰富自己的思想与知识。几经周折，经历了无数磨难之后，在 24 岁那年，他终于进入首都布达佩斯著名的《新闻报》编辑部工作。

此后，莫里兹在漫长的岁月里，以记者的身份几乎遍访了全国的城镇和村庄，同社会各阶层的人们广泛接触，了解他们的生活、思想和情感。他有意同农民接近，在简陋的农舍，同农民促膝谈心，倾听他们诉说生活的不幸。

第一次世界大战期间，作为战地记者的莫里兹，深入兵营和战壕，与普通士兵共同生活，目睹了这场帝国主义战争给人民带来的灾难。

他把自己的时间用在与普通人的接触中，用在战地采访中。这些时间没有白费，他获得的丰富的实践生活知识，给他提供了广阔而丰富的创作源泉，使他写了一篇篇感人的报道、特写和小说，揭露大战的真相，抨击战争制造者的罪行。他虽然不是一个共产主义者，但在1919年的匈牙利革命中，他积极投身革命并热情拥护革命后建立的新政权，主张给农民分配土地。

革命失败后，莫里兹遭到反动当局的迫害，思想曾一度陷入悲观失望，但始终没能向黑暗势力屈服，而以更沉着、更坚韧的精神集中时间继续写作，用锋利的笔投入到揭露反动黑暗和追求进步理想的斗争中去。

莫里兹经过认真思考，给自己做了一个很好的定位。记者的重要职责就是把真实的东西公诸于世。同时他还有一种使命感，那就是要用手中的笔揭露反动黑暗。为了完成这个使命，他必须深入生活中去体验去调查。

因他投入了大部分时间和精力，终于创造出了不朽之作，他的《七个铜板》像一声惊雷，使他的名字震动了匈牙利。作品虽是短篇，但通过生动的艺术形象表现出了农民的赤贫生活，有力地打破了官方文学竭力粉饰农村现实的虚假神话，博得广大读者和进步文学界的好评和赞誉。

莫里兹拥有纵观全局、统筹兼顾的能力。统筹兼顾可以合理利用和分配时间，肌理明细可以明白孰轻孰重，能够统筹兼顾的人便能从重点到轻微，有条理地安排时间，把事情办得合理贴切、面面俱到。

生活在人生这个大舞台上，每个人都扮演一种角色，如果你想扮演一个令人瞩目而又对人类有用的角色，你就得用聪明的头脑，敏锐的洞察力去纵观全局，从而统筹兼顾地分析问题，这样你就能明白把时间花费在哪些地方更合适，更能创造出价值。

如果你想具备统筹兼顾的能力，就请你多思考、多斟酌、遇事不急燥、不莽撞。把事情梳理清楚以后，再投入相应的时间，这样就不会出现无谓的举动，既不会顾此失彼，也不会造成时间上的浪费。

浪费时间就是浪费生命，要想使生命精彩，就得珍惜时间，统筹兼顾必定是成功的一个筹码。

学会时间的合理分配

在我们的周围常常会有人抱怨自己没有时间，或者是根本对时间不感兴趣。可是那些抱怨自己没有时间的人，仔细分析一下就会明白，他们并不是没有时间，他们的时间往往比别人更充足，只是他们不知道如何利用时间，而是在等待时间去安排他们。也许有的人在某些方面珍惜时间，而对其他方面则马马虎虎，因而造成工作效率低下。

要想提高自己的工作效率就要从多方面多角度地去统筹兼顾地利用时间，同时间赛跑，这样才能合理分配时间。

时间是生命，时间是金钱……可是有些人还是把握不准时间的肌理法则，他们看上去整天忙忙碌碌实际上是在浪费时间，所以这些人的成功几率很小，即使有一次成功也是偶然的。

只有统筹兼顾地去合理安排时间，把握好人生的每一分、每一秒，才能够使工作、学习、生活都不误，且能一石三鸟。

第二次世界大战期间，德军为对付盟军舰船，由海军牵头汇集一批物理学家、化学家和爆破专家，花了很长时间，较大的开支，秘密研制成功了一种新型水雷——蛙雷。

这种水雷是靠水压引爆的，舰船无须触雷，只要从它身边经过，使水雷附近的水压发生变化，水雷得到压力既可爆炸，这种水雷的威力很大。

德国空军率先向最高统帅部提出，用飞机将水雷布设在盟军的港口和盟军登陆的海区，让盟军尝尝蛙雷的厉害。

海军则坚决反对空军布设蛙雷的计划，他们认为，如此有价值的秘密武器，必须用在关键时刻，过早地布设会泄漏天机。

一番争论之后，最高统帅部采纳了海军的意见，命令将蛙雷封进仓库。他们万万没有想到的是，由于没能合理地安排好布设蛙雷的时间，最终导致败。

1945年5月，德军已经知道了盟军将进行大规模登陆作战，于是便命令海、空军做好布设蛙雷的准备，但由于摸不准盟军确切的登陆时间和地点，迟迟未能下手，造成延误战机。

5月3日，盟军在诺曼底突然登陆成功使德军顿时慌了手脚，才急急忙忙在塞纳湾和布列塔尼沿岸布下数千枚蛙雷，但为时已晚，蛙雷还没有发挥作用，失败就已经降临了。

后来，盟军获得了蛙雷的样品，当爆破专家小心翼翼地打开蛙雷外壳时，所有在场的人都被蛙雷的灵巧和科学结构惊呆了。战后许多军事评论家说，如果希特勒当时采纳空军的意见或在诺曼底布设蛙雷的话，德军的失败虽是必然的，但第二次世界大战的进程向后推移将是毫无疑问的。

这就是德军的最高决策者没有掌握好时间的后果，正如军事评论家所说的那样，如果及早安排好布设蛙雷的时间，盟军能否登陆还是个未知数，德军失败的命运也可能向后推迟。这就是我们所说的统筹兼顾的时间法则在军事领域没有掌握好的一个例证。

在现实生活里，掌握统筹兼顾这个时间法则也非常重要。它对你和你身边的每一个人都能起到意想不到的效果。

有的人平时不太注意统筹兼顾这个时间法则，所以他们失败了，甚至还会对生活失去信心，觉得生活太难、太累了。不利用统筹兼顾的法则，时间就得不到合理的安排和使用。

要学会抢时间，把属于自己的时间从时间老人那里抢回来，这才是提高我们工作效率的方法。

俄罗斯前总统叶利钦，就在他上大学时，由于生活拮据，无钱买冬天的衣服，结果患了感冒，后来便是咽喉炎，引发了风湿症。他在心跳达 150 下和体质很弱的情况下住进了医院。医生告诉他，他需要躺上 4 个月左右，心脏才能有复原的希望，还不让他读书看报。

可叶利钦偏偏是个十分珍惜时间的人，他习惯于在闲暇时读些课外的书籍。医生刚刚离开，他便偷偷地给同学打电话，让同学赶快给他送些书报来，并嘱咐同学千万别让医生看到。当同学把书报送来时，他高兴地手舞足蹈，马上投入到看书读报中。同学看到他那孜孜不倦的刻苦劲儿，都深感佩服地悄悄离开医院。

虽然能在医院里读些书报，可叶利钦总担心自己的学习成绩下降，心想：如果真让我在这里躺4个月，就会浪费很长的时间，这样将会影响我的学习成绩。于是他向医生提出出院的请求，但遭到了医生的婉言拒绝，无奈之下，他只好求助同学。同学们就为他组织了一次“逃跑”计划。

他们把床单搓成绳子，他就顺着绳子从医院的顶层爬了下来，跑回学校。为了补上这几天落下的功课，他不分昼夜地学习，学校规定9点半准时熄灯，为了争取时间，他让同学给他买些蜡烛以备用，常常是实在坚持不住了，才躺下睡觉。他说了一句非常有震撼力的话：“宁可10年发光，也不要50年冒烟。”

叶利钦虽然有病，但他没有忘记珍惜时间，他的那股执著劲儿，足以使你明白时间的重要性，同时也让你学会别人是怎样利用时间和珍惜时间的。

学会珍惜时间的同时，也要学会设计时间，如果你只会珍惜而不去设计时间，整天忙忙碌碌可又得不到时间的回报，就只能沮丧地大叫：时间是最没用的东西！如果只重视局部而忽视整体的合理利用，那么你的理想永远都无法变成现实。

|第六辑|

制定财富目标，不浪费时间走弯路

追寻财富的道路很少是直线形的，因为走在这条路上的人们总会有不断校正、探索的过程，所以，这条路大多是弯曲的。很多时候，起点离目标并不遥远，但却花费了很长时间才到达。可当我们设计好路线，规划好行动的方向和方案，我们就会少走弯路，直达目标。

有效规划你的人生

美国企业家理查德·史罗马指出：“对一个方案，宁可延误其规划之时间，以确保日后执行之成功，切勿在毫无确切的轮廓之前，即草率开始执行，而最终导致错失该方案之规划。”

一项抽样调查结果显示，我们当中95%的人都认为制定规划对工作、学习是有好处的，但可惜的是只有20%的人清楚自己规划的具体内容，并且能清楚地描述出自己想要做的每一件事情。在这20%的人中却只有不到3%的人能够把规划写下来，让它变成书面的东西。经过对这3%的人的进一步调查，人们又发现无论是从收入还是从成就上看他们都比那剩下的97%的人高得多。制定、实现规划的确是获取财富的关键。

维克托·米尔克是世界上屈指可数的现代食品公司纽约城推销中心的技术总监，他的工作直接或间接地受到公司5000雇员中3000多人的影响，因此，他总是忙得不可开交。一次，在纽约举行的工作研讨会上，他谈到了对时间管理的看法：

“现在我不再加班工作了。我每周工作50～55个小时的日子已经一去不复返，也不用把工作带回家做了。我在较少的时间里做完了更多的工作。按保守的说法，我每天完成与过去同样的任务后还能节余1个小时。我使用的最重要方法就是制定每天的工作规划。现在我根据各种事情的重要性安排工作顺序。首先完成第一号事项，然后再去进行第二号事项。过去则不是这样，我那时往往将重要事项延至有空的时候去做。我没有认识到次要的事项竟占用了我的全部时间。现在我把次要事项都放在最后处理，即使这些事情完不成我也不用担忧。我感到非常满意，同时，我能够按时下班而不会心中感到不安。”

规划可以帮助一项工作沿着既定的路线朝向既定的规划顺利开展。有效合理的规划能帮助人们很好地理解工作的目的及工作要求，使人们能自觉地按照规划更好地协作。

一个人如果不规划自己，那么，他往往会走很多弯路。

歌德一度没能充分了解自己的长处，树立了当画家的错误志向，害得他浪费了十多年的光阴，为此他非常后悔。美国女影星霍利·亨特一度竭力避免被定位为短小精悍的女人，结果走了一段弯路。后来幸亏经纪人的引导，她重新根据自己身材娇小、个性鲜明、演技极富弹性的特点进行了正确的定位，出演《钢琴课》等影片，一举夺得戛纳电影节的“金棕榈”奖和奥斯卡大奖。

所以，每一个人都应该努力根据自己的优势来设计自己，量力而行。根据自己的才能、素质、兴趣、环境、条件等，确定前进方向。

总而言之，任何一个人，如果没有规划，行动就是盲目的。盲目的行动不可能达到理想的结果。一个人要想成为富有一族必须首先给自己的行动制定规划，并且通过艰苦奋斗，一步步地实现规划的目标。不然，就会白白浪费自己的时间，阻碍或延迟自己获取财富。

不断审视你的目标

众所周知，如果一个人不清楚自己要去往何方，那么即使到达了目的地，他也茫然不知。对于大多数人来说，目标并不具体明确，而像浓雾一样模糊不清。假如所有人能够为自己的人生设定目标，这样获取财富、赢得成功省时又省力！

《成功心理学》的作者布莱恩·特里西说："最乐观的研究结果证明，只有不到3%的美国人真正写下自己的目标，而每日回顾完善目标的人数更是不足1%。"

但是，设定财富目标不是上帝赐予的天赋，而是每个人都能掌握的技巧。然而，大多数人却仅仅触及到了潜能的最表层，因为他们不愿展望未来。

我们需要关注的是自己的志向和抱负，下面有7个具体的目标。

目标一：我的目标非常明确

15 岁时，约翰·戈达德为自己的人生设定了 127 个目标；47 岁，他已经完成了其中的 103 个。正是由于目的明确，戈达德游览了尼罗河，登上了乞力马扎罗山，学会了驾驶飞机，并且亲自拍摄了非洲维多利亚瀑布的壮丽景色。

戈达德的秘诀在哪里呢？实际上，他的每一个目标既明确又可行。例如，他的计划表中包括："成为鹰级童子军，每分钟打 50 个字，潜水 40 英尺深，并在水底屏气两分半钟，学会吹笛子，拉小提琴，学习柔道，跳高达到 5 英尺，制作自己的望远镜，去巴厘岛观看蹈火仪式。"戈达德，这位著名的冒险家和演说家的生活令许多人梦寐以求，而他的人生之所以成功，主要在于他目标明确。

当然，你并不需要一开始就跟戈达德一样设立 127 个目标，只要几个清晰的目标就足够了。重要的是你制定的目标要切实可行。

目标二：我的目标可以衡量

清晰的目标要以数量衡量，而非质量。确立高远的志向诚然重要，但我们几乎不可能仅用目的来衡量一个人的进步。

有些人许下新年愿望："我今年要花更多时间看书。"其实，更容易衡量的目标应该是："今年，我每天要读某书的两章。"只有这样，目标才可以用具体数量衡量。

因此，构想计划之初，请务必自问一句："这个目标可以衡量吗？"

目标三：我的目标具有挑战性，却可以达到

确定的目标要具有挑战性，不过也要有可行性。一个目标应该一个小时或一天无法完成，事实上，如果在如此短的时间内可以完成，它就不是什么目标了。

一位橄榄球运动员获得了梦寐以求的海斯曼奖杯，他说："为了这一天，我已经等了许多年。"但这只是他的谦虚之词，事实上，为了这一刻的荣耀，他已经奋斗了许多年。

因此，请确保你的目标不是在重复已经取得的成就，而是面对一个崭新的挑战。

目标四：这是我的目标，而不是别人的

制定未来计划时，确保你的目标都是自己想要达到的。仅仅由于父亲或老板想要你做什么事，或者你自己在某方面比较擅长，这并不意味着它们就应该成为你的目标。

确立目标之时，务必要发挥创造性思维，扩展自己的极限。只要你能展望自己未来的新处境，你的行动就会立即发生深刻的变化。

不过，衡量进步的时候，重要的是要问正确的问题。不要问"我怎样才能应付竞争？"而要问"自从我努力以来取得了什么进展？"衡量成功的惟一标准是你自己的进步。

目标五：我所有的目标可以相互促进

仅仅确立孤零零的一个目标极其少见，同时也相当危险。均衡的人生应该包括一个涵盖所有经历的成功蓝图——个人、家庭、经济、学术、身体和精神。

许多人的目标相互间根本没有可比性。例如，他们受控于一个残酷的商业哲学：“我要成为公司的总裁，没有人能阻挡我。”而在教堂里他们又声称自己相信“己所不欲，勿施于人”的箴言。

如果你想确保单个目标不断快速进展，一定要保证所有目标都朝向同一个方向。

目标六：我的目标包括具体的实施计划

如果没有地图指明最佳路线，任何明确的目的地都毫无用处。一旦上路，任何事情都可能发生，或许会突然出现诱使你误入歧途的路标，然而，只要你深知自己前进的方向，所有的障碍都不会阻止你达到最终的目的地。

确定目标之后，也要制定一个具体的实施计划，标注“1，2，3”或“A，B，C”的清单目录看似耗时费力，却能引导你走向成功的未来。

重点在于：目标或许很少改变，但计划一定要灵活变通。如果一个计划行不通，不要恐慌，因为你已经发现了重要信息，试试另一个计划。正如彼得·德鲁克说的那样：“长期计划与未来的决定无关，而与当前决定的未来息息相关。”

请确保你的策略包括一个具体的行动时刻表，没有它，你就永远不可能真正开始。有人说，等孩子们完成学业或房子的贷款还完时，他们就实现了目标。

最大的满足不在于达到最终的目标，而在于享受过程。即使你的目标像沙漠中的海市蜃楼一样不可触及，也不要担心，请尽情欣赏途中优美的风景和所走过的每一步。每天都带着挑战出发：“这是上帝所定的日子，我们在其中要高兴欢喜！”

目标七：我要写下目标

想要真正触摸到自己的梦想与渴望，最快的方法是找到纸笔，把它们写下来。一旦亲眼看到自己所孜孜以求的东西，即便在一张小纸片上，它也会变得真切可行。

在其《自我交谈法》一书中，行为研究学家沙得·海姆斯特勒谈到确立目标时列出了一些具体的方法，比如：“无论何时我想要改变或实现某个目标，我就会把它写下来，同时也列出具体的实施计划，以及实现目标的时间。这样，我就把每一个目标变成了切实的行动。”

海姆斯特勒还要求我们说：“写下目标的同时，我实际上也是在书写我未来的人生故事。按照我具体的行为计划行事，我就能把梦想变成现实。”

以上 7 个目标的确重要，但除非你把它们转化为实际行动，否则将毫无意义。对于每一个目标，试着大声读出来，看看能否适用于你的具体目标。最重要的是，每天都要做点具体的事情，使你逐步向目标接近。射击时要目视靶心，这样就能合理利用你的时间，你也就离成功更近了。

适时调整和修正你的航向

如果我们仔细分析航海者的图表，就会发现航程从出发点到终点，其路径并不是一条直线，而是一条弯弯曲曲的连线。船长必须时时掌握船只前进的方向，以免船只因为水流、风向等外力影响而偏离航道。在大海中航行时，惟一不会改变的就是航行的目的地。

一个人努力奋斗的过程，仿佛就是大海中的航船，很少有一帆风顺的时候。因此，在工作中我们追求的最佳目标不是最有价值的那个，更不是最辉煌或自己最喜欢的那个，而是对于我们的实力而言最有可能实现的那个。

著名的成功学大师谢利德·文森说过一句很深刻的话："如果没有一丝成功的希望，屡屡试验是愚蠢的、毫无益处的。"因此，目标要适当、合理、正确。你可能在某件事上努力了很久，但突然发现自己处于一个进退两难的境地，你所走的路线也许只是一条死胡同。这时候，最明智的做法就是抽身退出，去开始另一个项目，寻找新的获取财富的机会。

任何时候，你都应该做到审慎地运用智慧，做最正确的判断，选择正确的方向，同时也别忘了及时检视目标的方向，适时调整自己的目标和策略，放下无谓的固执，冷静地用开放的思路做出正确的抉择。每次正确无误地抉择都将指引你走向通往成功的坦途。

有时候，人们贫穷，不是他们没有能力，没有机会，而是定错了目标。他们一味地坚持，甚至到了顽固的地步。而富有者则会避免这种不切实际的坚持，时刻以一种冷静客观的方式检查自己在追求目标方面是否过于固执。

德国汽车巨头卡尔·本茨特别欣赏一个年轻人的才能，因为那个年轻人的目标让卡尔·本茨吃惊不小。那个年轻人最大的愿望就是赚到1000亿美元——这个数目相当于卡尔·本茨财产的100多倍！卡尔·本茨曾经这样问他："当你有了那么多钱以后，你打算做什么？"

年轻人想了想说："老实说，我只觉得那才能称得上成功，至于做什么我也不大清楚。"

卡尔·本茨语重心长地告诉那个年轻人："一个人如果真的拥有那么多钱，将会威胁整个世界。我看你还是先别考虑这件事吧。"

在以后的6年时间里，卡尔·本茨拒绝见那个年轻人。6年后，年轻人修正了自己的目标，告诉卡尔·本茨他想创办一所大学，他已经有了20万美元，还缺少20万美元。卡尔·本茨帮助年轻人实现了他的目标。

又经过6年的努力，年轻人成功了，他创办了德国著名的艾勒多亚大学。那位年轻人就是波·艾勒多亚。

当然，在设定获取财富的目标时，你可以尽量定得高些，以激发自己的潜能，但千万不能脱离现实。制定任何目标都应该有远大目光，但这并不意味着你可以不顾自身的客观条件而痴人说梦。

当你在人生的海洋上航行时，也会遇到各种各样的干扰。严重时，很可能使你偏离正确的航线。你从航行图上确定航向发生了偏差时，必须及时校正这种偏差。

你在前进的道路上可能有各种失望、苦难和危险。这些东西就是你航道上的暗礁和险滩，你必须绕过它们继续前进，以达到你的目的地，而不会遇到灾难。

你想要选定一条通向成功彼岸正确的航道，就必须依靠准确的罗盘。

其实校正罗盘的误差并不是一种非常难掌握的技术，只要记住：保证罗盘准确的必要措施就是，航行者不断地校正它。

你完全可以这样想，其实正如同磁针总是同南北两极处于一条直线上一样，当你校正了你的罗盘时，你就会较敏捷地做出反应，同你的目标、你的最高理想，处于一条直线上。这一点是很重要的。

在这个过程中，你必须依靠日积月累的办法，总有一天这些琐碎的努力会像涓涓细流汇聚为势不可挡的汹涌波涛，而且有的时候，财富的到来比你想象得要早。

有计划才会成功

人总是这样，在太阳东升的时候，总愿躺在床上睡觉，等到想起来时却已是夕阳西下，大好的时光就这样溜走，所以什么也干不成，虚度一生。

若是把人生的路程算作一天，那么现在的太阳已高高地照着你了，离黄昏还有很长一段时间，如果掌握好这段时间，努力去实现自己的财富目标，就会享受到幸福生活。

可是有些人偏偏等到夕阳西下的时候才着急、恐慌，才懂得珍惜有限的时间。

所以说，人各有各的活法，有的人就愿意过那种没有时间概念的日子，可有的人偏偏把时间看得比任何东西都重要，他们会把自己的时间设计得不留丝毫缝隙，让时间去促使自己完成某项事业。

博迪出生在巴黎的一个郊区。博迪从小就很重视时间，在上小学三年级的时候，母亲由于劳累过度，住进了医院，当时博迪的父亲在远离巴黎的一个煤矿做工。在万般无奈的情况下，博迪一边上学，一边照顾住院的妈妈。

博迪每天早晨 4 点起床，为母亲准备好一天的食物，然后背着书包绕道3里多的路将食物送到妈妈的病床前。就在这种情况下，为了不耽误学习，博迪总是第一个到校。

进了初中，博迪更加珍惜时间，除了白天勤奋学习之外，晚上仍坚持学习，直到规定的熄灯时间到了他才睡觉，看到同学们呼呼大睡，博迪也曾羡慕过，但是，从小就生活在贫苦的家庭环境里，饱受了生活煎熬的博迪，心中总有一个愿望：长大后一定要改变生活。所以他认为，目前不抓紧时间学习怎能赢得美好的生活呢？

学校规定10点熄灯，可博迪总是在熄灯前一分钟，才依依不舍地放下书本，脱掉鞋子，上床睡觉。第二天，天刚刚有一点亮光，他就翻身下床，到学校的操场上，又开始学习。

有了财富目标，就要安排好时间去实现，只有惜时、爱时，才能更快地实现目标。

就这样，博迪从小到大一直利用着时间，用时间换来了幸福的生活，成为了一名大作家。他晚年受病魔折磨，导致半身不遂，并丧失了说话能力，但仍决心把自己早已打好腹稿的作品写出来出版。

博迪后来因心脏病发作，四肢瘫痪，卧在医院的病榻上，只有左眼可以活动，不过头脑依然清醒。他没有气馁，决习要利用生命最后的时间，把自己构思的作品《潜水衣与蝴蝶》写出来，出版商派笔录员门迪宝协助他，每天花6小时笔录他的著述。

由于博迪已无法说话，只能靠眨动左眼与门迪宝沟通。门迪宝每次依顺序读出法语常用字母，让博迪组成词语，博迪每眨一次眼睛即表示字母不正确，眨两次眼睛，则表示字母不合适。

博迪是靠记忆判断词语，这可能会出错，有时要滤去记忆中的多余词语。开始时由于两人未习惯这种沟通方式，故产生了不少问题。

随着时间的推移，两人的合作逐渐走向成熟，彼此都了解对方的意图，写作速度也明显加快，由开始时每天 6 小时只能录下一页增加到后来的每天 3 页，数月后，他们终于完成了这本 150 页的著作，估计博迪为了这本书共眨眼 20 万次。

博迪生活在这种环境下，仍然利用一切可利用的时间来完成自己未完成的任务，可想而知有多么的艰难，在获取财富的过程中，你能做到吗？你肯定能做到，因为你既是一个健康的人，又是一个头脑灵活的人，凭哪一点都优先于一个不会说话，只靠眨眼睛的博迪。

也许你已经尽了最大的努力，可是总也得不到回报。这可能和你计划时间的技巧有关，你可能会问，不就是把时间充分利用起来，还有什么技巧呢？

这就需要你认真考虑了，在计划时间时，不仅要充分利用每一分钟，而且还要根据自身的能力和目前状况抓住要点，设计一个适合于自己的时间计划。

获取财富的人，不要把所有的时间都用在换取财富上，而是要给自己一个充分的准备时间，这样才不会手忙脚乱、丢三落四，成为和财富无缘的人。

计划法则令你事半功倍

富有的人，大都能非常有效地利用时间、金钱和精力，并尽可能支配它们。他们之所以能够做到事半功倍，是因为他们总是为自己做好了计划。因此，能不能把一件事情办成功，一个很重要的因素就是看你有没有科学的计划和方案。科学的计划和方案就像是火车的轨道，有了轨道，火车就能够安全顺利地前进；没有轨道，火车将寸步难行。

科学的计划和方案又像是人的大脑，是指挥部。德国伟大的思想家歌德说过，“匆忙出门，慌忙上马，只能一事无成”，就是强调在做事情之前一定要有计划，不能鲁莽行事。高尔基说过：“不知道明天干什么的人是不幸的。”所以，不仅要树立远大的理想，还要制定科学的计划和方案去实现它。

制定的计划要具体、有时限、长短兼备。例如，你计划在 5 年之内创作一部反映当代青年生活的长篇小说，具体会涉及到情节的安排、知识的积累、人物的塑造等。你可以把设计情节作为“第一步”，这大概需要一个月的时间。如果一个月过去了你还没有设计出来，就要反省自己。一定要督促自己按时完成计划。

另外，一件事情的计划表要根据环境和事情具体发展的情况及时修正，尽量使计划表和实际相符合，使自己能够很好地按照计划完成任务。

有这样一句发人深省的话：你今天站在哪里并不重要，但是你下一步迈向哪里却很重要。当人们站在十字路口茫然不知所措的时候，多么希望有人来指点迷津；当人们举棋不定、环顾左右而难以决断的时候，多么希望有人来助上一臂之力。

正确、合理、行之有效的计划部署能够将前进路上所需的精力减到最低限度。

虫子都喜欢吃苹果，一天，有4只非常要好的虫子一起去森林里找苹果吃。第一只虫子跋山涉水，终于来到一棵苹果树下。但它根本就不知道这是一棵苹果树，当然也不知道树上长满的红红的东西就是苹果。于是，当它看到其他虫子往上爬时，自己也就稀里糊涂地跟着往上爬。没有目的，也没有终点，更不知自己到底想要哪一种苹果，也没想过怎样去摘取苹果。最后结局呢？也许找到了一个大苹果，幸福地生活着；也可能在树叶中迷了路，过着悲惨的生活。不过可以确定的是，大部分虫子都是这样活着的，没想过什么是生命的意义，为什么而活着。

第二只虫子也爬到了苹果树下。它知道这是一棵苹果树，也确定它的“虫”生目标就是找到一个大苹果。但它并不知道大苹果会长在什么地方？它猜想：大苹果应该长在大枝叶上。于是它就慢慢地往上爬，遇到分枝的时候，就选择较粗的树枝继续爬。于是它就按这个标准一直往上爬，最后终于找到了一个大苹果。这只虫子刚想高兴地扑上去大吃一顿，但是放眼一看，它发现这个大苹果是树上最小的一个，上面还有许多更大的苹果。更令它泄气的是，要是它上一次选择另外一个树枝，它就能得到一个大得多的苹果。

第三只虫子也到了一棵苹果树下。这只虫子知道自己想要的就是大苹果，并且研制了一副望远镜。还没开始爬就利用望远镜搜寻了一番，找到了一个很大的苹果。同时，它发现当从下往上找路时，会遇到很多分枝，有各种不同的爬法；但若从上往下找路时，却只有一种爬法。它很细心地从苹果的位置，由上往下反推至目前所处的位置，记下这条确定的路径。于是，它开始往上爬了，当遇到分枝时，它一点也不慌张，因为它知道该往哪条路走，而不必跟着一大堆虫去挤破头。比如说，如果它的目标是一个名叫“教授”的苹果，那应该爬“深造”这条路；如果目标是“老板”，那应该爬“创业”这分枝。最后，这只虫子应该会有一个很好的结局，因为它已经有自己的计划。但是真实的情况往往是，因为虫子的爬行相当缓慢，当它抵达时，苹果不是被别的虫子捷足先登，就是苹果已熟透而烂掉了。

第四只虫子可不是一只普通的虫子。它做事有自己的规划。它知道自己想要什么苹果，也知道苹果怎么长大。因此它没忘带着望远镜观察苹果，它的目标并不是一个大苹果，而是一朵含苞待放的苹果花。它计算着自己的行程，估计当它到达的时候，这朵花正好长成一个成熟的大苹果，它就能得到自己满意的苹果。结果它如愿以偿，得到了一个又大又甜的苹果，从此过着幸福快乐的日子。

从这 4 只虫子找苹果的经历，不难得出以下结论：

第一只虫子是只毫无目标、一生盲目、没有自己人生计划的糊涂虫，不知道自己想要什么。遗憾的是，很多人都像第一只虫子那样庸庸碌碌地活着。

第二只虫子虽然知道自己想要什么，但是它不知道该怎么去得到苹果，在习惯中的正确标准指导下，它做出了一些看似正确却使它渐渐远离苹果的选择，白费了许多力气。而曾几何时，正确的选择离它又是那么接近。

第三只虫子有非常清晰的人生计划，也总是能做出正确的选择，但是，它的目标过于远大，而自己的行动过于缓慢，成功对它来说已经是昨日黄花。机会、成功不等人。同样，人生也极其有限，必须认真把握，而单凭个人的力量，也许一生辛苦，也未必能找到自己的苹果。如果制定一个适合自己的计划，并且充分借助外界的力量，借助许许多多类似于“望远镜”之类的人，那么，人生的“苹果”也许会好吃得多。

第四只虫子，它不仅知道自己想要什么，也知道如何得到自己的苹果以及得到苹果应该需要什么条件，并制定了清晰实际的计划，在望远镜的指引下，它一步步实现了自己的理想。

其实，我们获取财富的旅程又何尝不是这样？要想得到自己喜欢的苹果，想提升自己生存的境界，就要先从改变自己开始，做好自己的人生计划，做吃到苹果的第四只虫子。

知道每天一定要做的是什么

一个成功的人是非常细致的，绝对不会粗心大意。计划一定要周详，若是漏洞百出，等于没有计划。什么叫计划？就是问自己：为了达成这个目标，我需要做哪些事情？全部把它写下来，哪个是第一要做的，哪个是第二要做的，把它们编上号：一、二、三、四、五，以此类推。下面是有关安排工作计划的几点建议：

1. 每天清晨把一天要做的事都列成清单

如果你不是按照办事顺序去做事情的话，那么你的时间管理也不会是有效率的。在每一天的早上或是前一天晚上，把一天要做的事情列一个清单出来。这个清单包括公务和私事两类内容，把它们记录在纸上、工作簿上或是其他什么上面。在一天的工作过程中，要经常进行查阅。举个例子，在开会前10分钟的时候，看一眼你的事情记录，如果还有一封电子邮件要发的话，你完全可以利用这段空隙把这项任务完成。当你做完记录上面所有事的时候，最好再检查一遍。在完成工作后通过检查每一个项目，你将体会到一种满足感。

2. 把接下来要完成的工作也同样记录在你的清单上

在完成了计划的工作后，把接下来要做的事情记录在你的每日清单上面。如果你的清单上内容已经满了，或是某项工作可以改天再做，那么你就可以把它算作明天或后天的工作计划。有些人打算做一些事情但是没有完成，这是因为他们没有把这些事情记录下来。如果我是一个管理者，我不会三番五次地告诉我的员工都需要做哪些事情。我从不相信他们的记忆力。如果他们没带纸和笔，我会借给他们，让他们把要完成的工作和时间期限都记录下来。

3. 一天结束后，把当天没有完成的工作进行重新安排

现在你有了一个每日的工作计划，而且也加进了当天要完成的新的工作任务。那么，对一天下来那些没完成的工作项目又将如何处置呢？你可以选择将它们顺延至第二天，添加到你明天的工作安排清单中来。但是，希望你不要成为一个办事拖拉的人，每天总会有干不完的事情，这样，每天的任务清单都会比前一天有所膨胀。如果事情的确重要，没问题，转天做完它。如果没有那么重要，你可以和与这件事有关的人讲清楚你没完成的原因。

4. 记住应赴的约会

使用你的记事清单来帮你记住应赴的约会，这包括与同事和朋友的约会。一般情况下，工作忙碌的人失约的次数比准时赴约的次数多。如果你不能清楚地记得每件事做了没有，那么一定要把它们记下来，并借助时间管理方法保证它们按时完成。如果你的确因为有事而不能赴约，可以提前打电话通知你的约会对象。

5. 制一个表格，把本月和下月需要优先做的事情记录下来

对一个月的工作进行列表规划是时间管理中更高水平的方法，再次强调，你列入这个表格的一定是你必须完成的工作。在每个月开始的时候，将上个月没有完成而这个月必须完成的工作添加入表中。

6. 把未来某一时间要完成的工作记录下来

你的记事清单不可能提醒你去完成在未来某一时间要完成的工作。比如，你告诉你的同事，在两个月内你将和他一起去完成某项工作。这时你就需要有一个办法记住这件事，并在未来的某个时间提醒你。为了保险起见，你可以使用多个提醒方法，一旦一个没起作用，另一个还会提醒你。

7. 保持桌面整洁

我们从不相信一个把自已的工作环境弄得乱糟糟的人会是一个优秀的时间管理者。同样的道理，一个人的卧室或是办公室一片狼藉，他也不会是一个优秀的时间管理者。因为一个好的时间管理者是不会花很长时间在一堆杂乱文件中找出所需材料的。

8. 把做一件事所需要的材料放在一个固定的地方

随着时间的过去，你可能会完成很多工作任务，这就要注意保持每件事的有序和完整。把与某一件事有关的所有东西放在一起，这样当需要时查找起来非常方便。当彻底完成了一项工作时，再把这些东西集体转移到另一个地方。

9. 清理你用不着的文件材料

把新用完的工作文件放在抽屉的最前端，当抽屉被装满的时候，清除放在抽屉最里面的文件。换句话说，你要学会保持只有一个抽屉的文件，总量不会超出这个范围。有的人会把所有的文件都保留着，这些没完没了的文件材料最后会成为无人问津的废纸，很多文件可能都不会再被人用到。当然，有的时候，你也许需要查找用过的文件，所以原稿要一直保留在计算机里。

10. 定期备份并清理计算机

你保存在计算机里的 95% 的文件打印稿可能还会在你的手里放 3 个月。要定期地备份文件到光盘上，并马上删除机器中不再需要的文件。

良好的工作计划会让你有更多的时间，让你不至于总感觉有做不完的工作，会让你做起事情来更有头绪。当然，我们在制定计划的时候，不能只想到工作，要学会为自己安排休息的时间，学会劳逸结合，张弛有度，这样才能让自己始终保持较好的状态。《第三次浪潮》的作者托夫勒说："新的时间支配方式，将影响我们家庭日常生活的节奏，影响我们的艺术，影响我们的生态。因为一旦涉及到时间问题，也就涉及到了整个人类的生活。"

有这样一首古爱尔兰歌谣：

用点时间去工作——这是成功的代价；

费点时间去思索——这是力量的源泉；

花点时间去游戏——这是青春永驻的秘密；

抽点时间来阅读——这是智慧的基础；

匀点时间来对人友好——这是通往快乐的大道；

要点时间来梦想——使你挟泰山以超北海；

找点时间去爱和被爱——这是上苍的恩典；

找点时间放眼四顾——这是通往无私的捷径；

用点时间放声大笑——这是灵魂的音乐。

与实现目标同时并进的，是我们对生活松紧的正确调适。想一想，你有多久没有放松自己了？你有多少时间没有陪伴家人了？你有多久没有到电影院或百货公司了？你有多久没有外出旅游了？你有多久没有让自己的头脑好好地休息了？

工作对每个人来说固然重要，但并不意味着人的全部生活都是工作。长期的工作会让人身心疲惫。因此，我们必须学会休息，暂时从工作中解脱，以便更好地工作。

工作计划对一个追求高效率的人来说是必不可少的，好的计划让你做起事来事倍功半。每个人都必须学会安排自己的时间，让有限的时间得到最大程度的利用，这样，你离富人的距离就会越来越近。

会做短中长期的计划安排

一般而言，短期是指一年以内的期间，长期一般超过 5 年以上，而中期界于两者之间。短期计划包括每日计划、每周计划，也可称为行程表，中长期计划通常以月为单位，或者以年为单位。无论短期计划，还是长期计划，记录行动的内容都是为了实现梦想。

你必须事先知道一个月后有哪些重要的客户需要拜访，好预做准备。还有些人甚至会预估他们长期计划表上每一个计划需要花多少时间完成，然后再利用周计划、月计划，甚至年计划表来制作每日计划表。

因此，做好中长期计划是短期计划的基础，但是也不要太小看短期计划中的日计划或周计划而无心做好记录，如果没有好好地实践它们，中长期计划做得再好，也于事无补。同时，你最好把行动过程中的注意事项写入计划里，时时提醒自己。

举个例子，如果你今年的目标是减肥，那么在以天为单位的短期计划表中，就要写上“每天慢跑一小时”。但是，如果慢跑一小时之后喝了一瓶啤酒，就等于前功尽弃。所以，要在珠玑语录集里写上戒酒，并把“只喝低卡啤酒”的戒律写在便利贴上，每天贴在新的一天的短期计划页面上，这样一来，珠玑语集与短期计划表才能相辅相成。

在财富计划中，最重要的是将我们的时间按长短做出周期性的安排，这样有利于我们能够合理地利用不同阶段的时间来做短中长期计划表。先从一天的周期，来考虑时间的周期。

1. 掌握一天的周期

你如何安排一天的时间？你在一天内要做些什么？

每天都有固定的 24 个小时，如果将一天的时间，看成几个单位的集合的话，会比较容易安排和分配时间，并做好每日的短期计划，也就是行程表。

如果能掌握一天的结构与周期，就能对自己一天的行动产生大致的一个安排。

这就意味着，每天你对自己在一天的时间内能干什么，在什么时间段里完成什么都可以做到心中有数。有了这样粗略的安排，你就可借此思考，自己能否有能力做到这些事，并且还不浪费时间。

从人的生理和心理角度考虑的话，以两个时间为单位，是比较恰当的。当然，这个单位时间会因个人职业的不同，而有所变化，总之是因人而异的。

了解自己身体的周期（早起型、晚睡型），并配合之。创造出自己的时间周期，就可以更有效率地去运用时间。

请注意，把时间分割为几个单位，并不单只是严格照此一丝不苟地行动，这样做的目的，只是有助于我们能够合理地安排好时间。

应在实行的过程中着重用自己的眼睛、自己的头脑去看时间，遇到问题时，多看看，多想想，相信一定能有一些意想不到的发现。藉着这样的过程，就能产生足以创造有创意的生活的眼光。

早上两个单位时间，下午 1 个单位时间，晚上 1 个单位时间，通常是工作、学习效率较高的时间。在自己的生理范围内，合理利用好这些时间，将会让你省时省力地完成一个个任务。

只要思考今天要在哪个单位时间做什么事，日计划的时间表就安排好了。

2. 掌握一周的周期

掌握了一天的周期与结构后，再来掌握一周的结构与周期就容易多了。

一周的周期实际上是一天周期的集合，先将一天的时间周期化，才能更好地做好一周的时间安排。如果每天的计划较为平淡，或偶有高潮，那么一周的计划只要依日计划的时间表，就能轻而易举地完成了。

掌握你日常生活一天的周期与一周的周期，就是你是否能逐步完成计划与时间表的要诀。

月周期与年周期，因为周期较长，面对的不确定因素比较多，对我们而言是较难把握的，比较起来，一周在感觉上比较容易掌握。掌握这种让人有概念的时段，就是安排时间表的窍门。

事实上，当以周为单位时，即使其中的一天被浪费，也仍有机会使这一周充实。

以天为单位的时间有时太短了，某些任务或许很难在一天之内完成，但如果以周为单位的话，就可以周来分配每一天的性质，甚至有时一天都玩掉也不要紧。

以星期几来决定每天的性质，从快乐的星期五，转变到快乐的星期四，运动或文化的星期三，旅行的周末等，已相当一般化了。

所谓以一周为单位安排生活计划，是说最好在星期几开会或商谈，在星期几最好能看书或上课，好不容易才拍下的录像带该在哪一天看……给每一个日子一个独特的个性。

3. 月计划就是模拟安排各课题的时间表

通常记事本上的月时间表，每个月只有一张。

如果你的日常生活是比较有规律的，那么你只要记录一些固定的事，用一张纸就够了。但如果你想把自己的活动安排得更丰富、更积极的话，就必须留出足够的空白之处，尝试一些模拟或错误，随心所欲多用几张，会比较方便。

所以如何在记事本中记录月计划，同样也是安排时间表上的诀窍之一。

如果只有一张月计划，你就可以在记事本上，用彩色笔将假日标出，再将其他月份的假日标出，就可以随心所欲，根据个人的喜好，去安排许多不同的月计划。

你也可以打破一个月一张时间表的方法，依计划来做时间表，也可以将时间依据公或私来安排，这样在你的私人时间里，就可以想出一些新的生活方式，使自己的日子过得更充实、更有趣。

但月计划表，绝不能成为行动的计划表。

要记住，每天的行动仍应思考，因为月计划只是帮助你预见这个月将会发生的事，或提醒你本月的约会事项，只有每日的计划才能成为行动的计划表。

4. 以年计划来掌握宝贵的光阴

一年有 54 周，以周为单位，制造一些变化。因为每周都各有特色，生活也随之多彩，自然也就不再是一成不变的苍白岁月。

这种设计，就是充实人生的智慧。如果更极端点的话，一年只需要这个年度计划及一周或一天就足够了，其他的设计纸没有也无妨。

要有工作时间图表

时间是一块最神秘的表，它决定了任何人从贫穷到富有都是一个时间的流程。善于制定工作时间图表，是时间运筹的第一步，是整理时间的重要战略，是富有的必然做法。任何财富目标都是整理时间的先导和根据。因此，需以明确的目标为轴心，为自己每天的工作制定一个工作时间图表：长计划、短安排，将大目标分解成若干具体的目标，并预计完成目标的日期。

美国麻省理工学院对 3000 名员工做了一个调查研究，发现凡是优秀的人都能做到精于安排时间，制定工作时间图表可以节省大量的时间。

根据有关专家的研究和许多人的实践经验，制定工作时间图表应该注意以下几个方面：

1. 要善于集中时间

切忌平均分配时间。要把自己有限的时间集中在处理最重要的事上，不可每样工作都抓。要有勇气并能够机智地拒绝不必要的事、次要的事。一件事情来了，你首先要问："这件事情值不值得做？"绝对不可遇到事情就做，更不能因为反正做了事，没有偷懒，就心安理得。你必须学会"剪掉"不适合自己干的事情。

2. 要善于把握关键时间

时机是事情转折的关键时刻。抓住时机可以牵一发而动全局，以较小的代价获得较大的效果，促进你的努力转化为实际效益，从而推动你的事业向前发展。错过了时机，会使到手的成果付诸东流，造成"一着不慎，满盘皆输"的严重后果。所以，成功人士都必须善于审时度势，捕捉时机，把握"关键"，恰到"火候"，赢得胜利。

3. 要善于处理两类时间

所谓两类时间主要是指：一类是属于自己控制的时间，称作"自由时间"；另一类是属于对他人他事的反应时间，不由自己支配，称作"应对时间"。

两类时间都客观存在，都是必要的。没有"自由时间"，就完全处于被动、应付状态，这在高度分工合作的职场是一大忌。但要完全控制自己的时间在客观上也是不可能的。没有"应对时间"，只想"自由时间"，实际上也就侵犯了别人的时间。因为你的完全自由必然会造成他人的不自由。

4. 要善于利用零散的时间

时间不可能全部集中，往往出现很多零散时间。要珍惜并充分利用大大小小的零散时间，用来从事零碎的工作，从而最大限度地提高工作效率。

5. 要善于运用聚会或会议时间

这种时候是你与同事们沟通信息、讨论问题、安排工作、协调意见、做出决定的最好时间。会议时间运用得好，可以提高工作效率，节约你和大家的时间；运用得不好，反而会降低工作效率，浪费大家的时间。

你若想节省时间，那就按照上面几个原则，每天制定一个工作时间图表。在每天事先安排的工作时间图表中，应该使自己除了能为“烫手”的项目留出额外的时间外，还能使工作有所变化并保持平衡。每天制定一个工作时间图表，并用每天的行动去完成这个图表，就像在办公室里应放上自己的人生目标借此提醒自己一样。即使是在干一件很小的事，心中也不忘那个制定好的工作时间图表。在每天早晨就进行计划，安排好一天工作的轻重缓急。每天都有一张当天要做哪些事的清单，并将它们按重要性程度排列，然后尽可能一有时间就去干最重要的工作。为自己也为别人都定下工作的最后期限。养成好习惯，按着“任务清单”的顺序干，绝不跳过困难的工作。

事实表明，一个人穷和富的界线有时仅在于怎样分配时间，怎样安排时间。可见制定工作时间图表的重要性。每天制定一个工作时间图表是利用时间的高效运行方法，可行而实用，更是我们“有钱途”的必要条件。每个人都应该学会和利用提高时效的方法，充分开发和利用时间的价值。

|第七辑|

时间孵化成功，来一场有价值的守候

有人说：付出一点想马上有回报的人只适合做钟点工；如果能耐心按月得到回报，则适合做工薪族；耐心按年领取回报的是职业经理人；能耐心等待3～5年的是投资家；能耐心等待10～20年的是企业家……所以，大的成功需要时间孵化，需要有耐心花时间去努力拼搏。但遗憾的是，很多人喜欢做“钟点工”，不愿意花费更多的时间在逆境中坚持，去获得更大的成功。

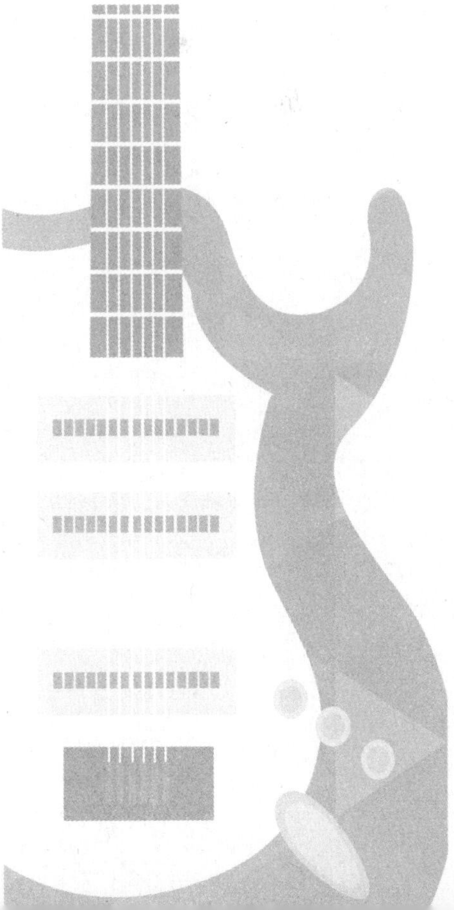

定准目标就坚定地走下去

“你家里有电视吗？”“你家里的电视带遥控器吗？”面对这些问题，你很可能会说：“你这家伙，这些枯燥无味的问题也值得来问，什么时代了，谁家没有这些，还有比这更棒的呢！”

其实，这是一个平常的再不能平常的问题。这里想说的是：看电视，掌握遥控器“大权”的人，不要总把时间浪费在变换频道上，要看，最好选中一个频道，这样才能将一个电视剧完全彻底地看下去。

在没有遥控器的时候，电视频道没有现在这么多，总看一个频道不也挺好吗？遥控器的发明让人们更省时，省事儿，甚至更方便，但也使人们把大量的时间花费在按遥控器上。

几十年前，人们还没有认识到电视机究竟是个什么东西，卡瑞家就有了电视机。

说起这台电视机，还真是来之不易。卡瑞的爸爸是一个建筑工程师。有一次，爸爸被派往日本帮助日本搞建设。回来时带回一台电视机。可后来，随着科技的进步，各种各样的电视机也同时投放市场，并且还带有一个长方形的遥控器，卡瑞家又添置了一台带遥控器的电视机。就是这个该死的电视机给卡瑞带来了烦恼和恐惧。

自从有了那个名叫遥控器的长方形物体后，看电视时便不再走上前去转换频道，用手指轻轻一按，银屏就会出现另一个世界，同时也感到一种莫名恐惧。

有了太多的电视节目，有了快捷的选择方式，但耐心却越来越差了，注意力也越来越不集中了，几乎每一个频道都很难看到底，不时地转换，不停地选择，究竟在看什么？不知道。很多时间就在转换频道中度过了。

有人说，财富是一种选择，但不停地选择就能“有钱途”吗？也有人说人就是要流动的，可总是在流动就是人的本质吗？选择是必须的，可一旦有了选择，就要执着，就要持久，就要天荒地老。

获取财富最重要的就是时间，同时，时间也是流动的，也需要你选择，可是你是不断转变时间的频道呢？还是选择执着、持久呢？如今，很多人都在转换时间的频道，都在寻找人生的“黄金档”但你找到之后，就要有一种无悔的投入，一种漂亮的不打折扣的追求。

不断地转换，会使人浮躁，缺乏耐心，变成一个“打一枪换一个地方”的时间流浪者，这不是更浪费时间吗？这不利于我们掌握时间，而且还要造成因脱离时间的轨道，而偏离人生方向的恶果。

在你选择利用时间时，一定要选择一个适合自己的时间目标，比如说，中午 12 点是客流高峰，你可以坐在办公室里先做下午的工作，等高峰过后，你再回家，这样你就可以利用这段时间去处理一些文件，也可以避免路上堵车等造成时间浪费，也可以减轻下午的工作负担。

假如你认为早晨是你能够进入最佳工作状态的时间，那么你就可以早睡早起，以便能充分利用好这个最佳时间，如果你认为夜深人静时工作最好，没有外界干扰，你就可以晚间工作。

总之，当你抓住一个最佳时间，就要积极利用，并坚持不懈地利用它，这就会使你更好地工作，并逐渐使自己成为高效能的人。

当你有了遥控器的时候，不要轻易地转换频道，这不仅会浪费时间，而且会使“你朝秦暮楚”，太“花心”，最后落得个鸡飞蛋打一场空。

利用时间也是如此，不要轻易转换时间频道，要定在一个精彩的频道上，持久地、坚持不懈地、认真细致地看下去，节目会更精彩。

只要认准一个目标，把大量的时间和精力投入到目标中去，并持之以恒地干下去，你一定能实现自己的财富目标！

因此，利用时间，就是要利用那些有价值的时间，并长期地利用，这样将有助于你的学业有成，事业成功，能给自己创造一个美好的富有人生。

要成功，就一定不能停下来

所谓“不怕慢就怕站”，就是让你别耽误时间，要把一秒钟、一分钟的时间都充分利用起来，投入到学习、生活和工作中去，不要把时间都浪费在吃喝玩乐上。更不要因一时领先而沾沾自喜，也不要因一时落后而垂头丧气。

只有你把别人认为的“闲暇”变成“不闲”，争取利用时间的分分秒秒，把全部时间合理地用在你的人生目标上，你就能更好更快地实现自己的财富目标。

不要认为时间很长，一天、一个星期、甚至一年，它可不像别的那样，丢失了可以找回来，损失的时间是不可能再找回来的，那怕是一秒，也无法再得到。

因此，要想让时间出效率，想成为有钱人，你就不能停顿下来，必须争分夺秒地利用时间，只有把时间合理地利用起来，才能提高学习和工作效率。

英国的一所学校里，学生们正在操场上活动，有的打篮球，有的踢足球，有的跑步，各种各样的体育运动都在紧锣密鼓地进行着。可是，惟独有一个叫莱西的小女孩却坐在离操场很远的一棵树下，专心致致地读书。

莱西以前很贪玩，学习成绩一直不好，老师说她智商太低，永远不会有出息的，同学们说她是一个笨家伙，就连她最要好的朋友杰米也同她分手，不再同她来往，尤其是回到家里更让她失望，父母都认为她读书根本没用，不但不辅导她，母亲还让她帮着做家务，更可恶的是她的父亲，每天对她骂骂咧咧地说："如果你的学习成绩3个月后没有提高，我就把你介绍到一家纺织厂做工。"

在同学的冷眼、家庭的谩骂之下，莱西终于醒悟了，她没有想到一个学习成绩不好的孩子会是这样的。她下定决心，一定要尽力把落下的功课补上来。

于是她一改往常的习惯不再贪玩了。一天，母亲出去买菜，让她看好院里晾晒的衣服，可她偏偏为了一道数学题弄得不可开交，一时间忘记了母亲的嘱咐，等母亲买菜回来，衣服早已让邻居的一只小花狗给叨跑了。为此，母亲狠狠地打了她一顿。

晚上，别人都入睡了，她还趴在床上学习。就这样，莱西没日没夜地学习，虽然她熬得眼圈发黑，身体渐渐消瘦，可是她的学习成绩在原来基础上提高了一大截。到期终考试时，她以全校第一的好成绩，赢来了同学们的笑脸和父母的夸奖。

莱西的故事告诉我们：时间能送给你宝贵的礼物，它能使你变得更聪明，更美好，更成熟。不怕时间不等人，就怕你不知怎样去利用时间。

利用时间要坚持不懈，持之以恒，你不能因一时的成功就把时间丢在一边，不去重视它。让时间时时刻刻留在你心中，才能成为一个真正的高效能人士。

由于每个人的性格不同，价值观不同，利用时间的方法也就不同。

有的人总认为时间是救世主，一生中最离不开时间，他们会很好地利用分分秒秒，让时间充当自己生活中的帮手，为自己创造高效能。

可有些人总觉得：日出而作，日落而息，就已足够，何必把自己的时间安排得满满的，真让人受不了，该放松就放松。所以，他们的生活总是平平常常，一事无成。

对待时间的两种截然不同的态度，导致了天壤之别的两种结果。

一些人总是不让时间停顿下来，将别人休闲的时间充分地加以利用，他们认为时间就是生命，时间就是财富，时间就是动力，在他们的心目中，最浪费不起的就是时间。

富兰克林曾经说过："切勿坐耗时间，须知每时每刻都有无穷的利息，日计不足，可岁计有余。"

你浪费过时间吗？你是让时间等你，还是你利用着时间？从小养成珍惜时间的习惯，对你的今天、明天甚至将来都有好处。只有坚持不懈地利用好每一分钟，你的生活才会更加美好，才会一路顺风地到达目的地，成为一个富有的人。

财富之路不是一蹴而就的

大千世界芸芸众生，人们时时刻刻都在盼望实现自己的人生价值，期盼着发财，期盼着事业的成功。然而，通向财富的路究竟在那里呢？

告诉你，你倘若想成为有钱人，首先就必须掌握住时间，把时间充分地利用起来，坚持不懈地争夺时间的分分秒秒。

每个人都有自己的时间，而时间具有惊人的力量，它能使你登峰造极，也能使你终身陷入谷底。即使偶然爬到巅峰，不好好利用和珍惜也会被它拖下来。这种巨大的力量不但能吸引财富、成功、快乐和健康，还能排斥这些东西，夺走生活中的一切。所以一些高效能人士对时间得出了这样一个结论：不怕慢就怕站！

卡卡和塔米结婚十几年了，卡卡认为，作为电脑程序员，首要任务就是投入更多的时间和精力到工作中去，除此之外，就是购买一栋大房子满足妻子的心愿。

当时，卡卡为米尔斯顿咖啡公司工作，公司向需要外出进行销售、清点存货的人员提供笔记本电脑。卡卡的工作之一，就是为此设计开发应用程序。

那批电脑在卡卡日日夜夜地努力工作下，终于按时投入使用。一天，另一位电脑商找到卡卡，问卡卡能否私下为他的公司开发类似的程序软件。做这个项目将会占用卡卡所有的空闲时间，但会使卡卡的银行账户里增加5000美元，对卡卡来说，这可算是一笔不小的财富，有了这笔钱卡卡就不用担心即将增添的一名家庭成员的消费了。

伊斯特刚出生不久，卡卡就冒出了自己做生意的念头。一天，在晚饭桌上，卡卡向家人提出了这个想法。卡卡对塔米说："我可以继续在米尔斯顿公司工作，下班后做些私活。这就意味着我需要花去平时和周末的一些空闲时间。但我想，我能够合理安排时间的。"

塔米低着头盯着盘子说："卡卡，我知道有钱真的很棒，你不需要告诉我金钱多么有用，但家里怎么办？我又要给两个正在读书的孩子做饭洗衣，又要照顾刚出生的宝宝，同时还得照顾你的起居饮食，我已经无力再帮助你的事业了，更何况你累坏身子怎么办？"

卡卡对塔米说："别担心了。我知道自己在做什么，我厌倦了狭窄的公寓、组装的汽车。我想给你们很多好东西，但这需要额外的工作，我会合理地安排好我的时间的。"

如果卡卡听从妻子的话，会有什么结果呢？但他并没有听从妻子的话，而是仍然坚持不懈地努力工作着。

从此，无论深夜、周末，卡卡都勤奋工作，甚至舍弃了同全家人逛公园的时间。终于，时间给了卡卡回报，一个星期六的早晨，卡卡把塔米叫到厨房里坐下，在她身前整齐地放着两沓钱。卡卡告诉她："这是公司支付我所开发的软件的费用。这一沓用来买一辆能够承载我们全家的汽车，而那一沓，足够买一栋属于我们自己的房子。"

塔米已说不出话来，那一刻，卡卡有种奇妙的感觉，无法用言语形容，卡卡能够养活自己的家人，给他们想要的和应得的任何东西。卡卡很有成就感，感觉到时间的力量无比巨大。

随着利用时间给自己带来的快乐和安慰，卡卡也走上了梦想的阶梯，辞去了在米尔斯顿咖啡公司的工作，全身心地投入到卡卡自己命名的"万能系统"公司中去。同时，卡卡的雄心壮志也渐渐膨胀。卡卡雇了半打人为公司工作，所以卡卡更加珍惜时间了，每天工作 15 个小时。看到别人在节假日陪着妻子和孩子玩耍，其实卡卡也很歉疚，但考虑到时间的力量，很快就把这些抛到脑后。

一天，伊斯特问卡卡："爸爸，你怎么不来参加昨天晚上的圣诞盛会呢？""亲爱的，我也想去啊，我真的想去，但我得抓紧时间，完成我的工作计划。这样吧，我多给你一点零花钱做补偿好吗？"

就这样，卡卡努力地工作着，时间给了卡卡更大的回报。几年后，"万能系统"为卡卡赢得了 2500 万美元。

这就是不懈地利用时间的回报，这就是坚持利用时间的结果！坚持不懈地利用时间是每一个想成功的人的惟一富有的法宝。

当你得到时间的回报后，你就要更努力地寻找时间，抓住一切可以利用的时间，去努力完成自己的事业。

实际上，这个世界上没有任何人能够左右你，惟有时间，只有你坚持不懈地抓住时间这个成功的法宝，财富才会属于你。同样地，也没有任何人能打败你，也只有时间。所以，无论你自身条件如何恶劣，只要你持续利用时间的分分秒秒，并将它和你的目标相结合，你就可以到达成功的彼岸。否则，无论你自身条件如何优秀，机会怎样千载难逢，只要你浪费时间或时断时续，那么你的失败是肯定的。

如果你现在是贫穷的，你就应该学会用时间的持久性来争取属于自己的财富。时间是财富的方向盘，你应该把握好它，不然你就会失去方向，只要你持久性地握住这个快乐的方向盘，它就会带你驶向生活的富有轨道！

和时间较劲：坚持一下就好

爱迪生曾经说过这样一句话："100% 的成功等于 80% 的汗水加上 20% 的聪明。"想要做一个富有者，仅有聪明的头脑是不够的，还要靠勤奋的汗水。

当你经历生活磨炼的时候，不妨鼓励自己再坚持一下，毕竟财富不能轻而易举地得到。如果将获取财富当成一种交易的话，你所需要付出的代价就是自己的汗水和坚持。

正如英国首相丘吉尔在他生命中最后一次演讲的时候所说的那样：坚持到底，永不放弃。他的人生经验告诉我们，成功没有什么秘诀，如果真有的话，那就是两个：第一个是坚持到底，永不放弃；第二个是在你想要放弃的时候，回过头来看看第一个秘诀——坚持到底，永不放弃。

1942 年，24 岁的约翰·R·约翰逊在芝加哥创办杂志《黑人文摘》之初，为了扩大影响，增加发行量，他决定组织一系列以"假如我是黑人"为题的文章，把一名白人放在黑人的地位，设身处地、严肃地看待这一问题。他想请罗斯福总统的夫人埃莉诺来写这篇文章，于是他给她写了一封信。

罗斯福夫人回信说，她太忙，没时间写文章。一个月之后，约翰逊又给她写了一封信，她仍说她很忙。又过了一个月，约翰逊给她写了第三封信，罗斯福夫人回信说连一分钟空闲也抽不出来。

罗斯福夫人每次都说她没有时间，但约翰逊没有打退堂鼓，依然不断地发信，他想："她并不是说不愿意写，如果我继续请求她，只要有耐心，也许，有一天她会有时间的。"

终于，约翰逊在报上看到罗斯福夫人要在芝加哥发表演讲的消息，决定再试一次，便给她发了一封电报，询问她是否愿意趁她在芝加哥的时候为《黑人文摘》写那篇文章。罗斯福夫人终于被约翰逊的坚韧精神所感动，于是便答应了他的请求，把她的感想写了出来。文章一出，消息不胫而走，很快传遍全国各地，大家争相购买阅读，杂志发行量一个月内由5万份猛增到15万份，这也成了约翰逊事业成功的巨大转折，而这个转折就是用自己的汗水和坚持换来的。

一个人能成为有钱族必然经历汗水，三天打鱼两天晒网是不可能成功的，原因很简单，是不懂得坚持。没有坚持就没有收获，没有收获就没有成功。

前英国首相温斯顿·丘吉尔的演讲非常著名，以至于有人称他是20世纪最伟大的演讲大师。他也因反应敏捷和妙语连珠的解释和见解而闻名于世。然而他本不是天才的演讲家。事实上，在丘吉尔的早年生活中，他说话结结巴巴。人们常取笑他的说活方式。你知道丘吉尔是怎样变成20世纪最伟大的演讲大师的吗？

他逐字逐句在纸上写下演讲稿，然后练习。他甚至练习停顿，即使可以口若悬河，也故作停顿，装出在斟酌字句的样子。每一次演讲他都要在镜前花费许多时间练习。他反复推敲每个字的正确表达方式，一直练到可以在恰到好处的面部表情下表达出来才停止。

尽管温斯顿·丘吉尔不是天生的优秀演说家，但通过自我刻苦训练，他终于成功了。要知道，不通过磨炼和努力，谁都不会在生活中获得成功。因为在你的工作和职业生涯中，在学校、在体育活动中、在婚姻和家庭中，需要汗水才能培育成功。即使你出生于富贵家庭，或聪慧过人、体格强健，你仍然必须通过艰苦努力去发挥你所有的潜能，以获得真正的富有人生。

用时间熬出人生的成功

条条道路通罗马，无论你往东走，还是往西行，只要坚持走下去，都可以达到目的。相信自己能够成为有钱人你就能成为有钱人，追求财富的决心往往就是富有的前提。

但是，很多人会问："走到悬崖绝壁怎么办？"其实，即使走到悬崖绝壁，也没有什么了不起。既然有崖，必定有谷，悬崖绝壁挡住了路，迂回一下总还是可以过去的。许多人干什么事，起初都能够付诸行动，但是，随着时间的推移、难度的增加以及气力的耗费，大多数人便开始产生松劲和畏难情绪，接着便停滞不前以至退避三舍，最后放弃了努力。

一个人想成为富有的人，就要花时间坚持下去，这样才能取得成功。人天生就有一种难以摆脱的惰性，所以在做事时常常会浅尝辄止、半途而废。当在前进的道路上遇到障碍和挫折时，便会灰心丧气和畏缩不前。这也和走路行进一样，大多数人都愿意走平坦的下坡路，而不喜欢艰难的上坡路。这也是人之所以常常见了困难绕着走的深层原因。

许多人之所以没有收获，主要原因就是在最需要下大力气、花大工夫，毫不懈怠地坚持下去时，他却停止了努力，千里之行，弃于脚下，财富从此便与他无缘了。

亨利·毕克斯·特恩出生在威斯特麦兰郡的克拜伦德尔地区，父亲是一个小有名气的外科医生。亨利一开始并没有什么新的打算，只是准备继承父业。在爱丁堡求学期间，他对医生研究专心致志，从不动摇，周围的人都很佩服他的坚韧刻苦。当他回到家乡，就积极从事实践活动。

随着时间的流逝，他对这门职业渐渐失去了兴趣，对眼前小镇的闭塞与落后也日益不满。这时，他对生理学发生了兴趣，并有了自己的思考，十分渴望进一步提高自己。

父亲完全赞成亨利本人的愿望，于是把他送到了剑桥大学，让他在这个世界闻名的大学进一步深造。不幸的是，过分地用功严重损害了他的身体。为了恢复健康，作为一个医生，他接受了一项职务——去活德奥克斯福德当一位旅行医生。在此期间，他掌握了意大利语，并对意大利文学产生了浓厚的兴趣，对医学的兴趣反而越来越淡。很快，他就坚决地放弃了医学，决心攻读其他学科的学位。经过一段时间的努力，他获得了当年剑桥大学数学学位考试一等及格者。

毕业之后，他未能如愿进入军界，只得进入律师界。他进了内殿法学协会，拿出以往学习的劲头，刻苦地钻研法律。他在给他父亲的信中写道："每一个人都对我说：'你一定会成功，以你这非凡的毅力。'尽管我不明白将来会是什么样子，但有一点我相信：只要我用心去干一件事，我是决不会失败的。"

28 岁那年，他被招聘进入律师界，但生活的道路要靠自己去开辟。这时他经济十分拮据，主要靠朋友们的捐赠过日子。他潜心研究和等待了多年，但还是没有生意。日子一天比一天难熬，他不得不省吃俭用，不要说娱乐，就是连必需的衣服、食物都已紧缩到不能再紧缩的地步。他写信给家里，承认他自己也不知道能再坚持多久，他自己都怀疑能否等到开业的机会。

3 年时间一晃而过，他苦苦的等待仍然没有结果。"律师这碗饭不是那么好吃的。"他写信告诉自己的朋友们，他再也不能成为别人的负担了。他想放弃这里的一切回到剑桥去，在那里他相信自己能找到谋生的办法。家人和朋友给他寄来了一小笔汇款，鼓励他不要灰心。亨利又挺了一段日子，生意终于慢慢来了。他在办一些小案子时表现很好，很守信用，于是他的工作渐渐有了起色。人们开始把一些大宗案子交给他办。

亨利是一个从不放过任何机会的人，当然，他也从不放过任何一个提高自己的机会。他数年的孜孜追求终于迎来了丰收的一天。几年之后，他不仅不需要家里的帮助，而且可以还一些旧债。乌云终于散去，好运光临头顶。亨利·毕克斯·特恩的大名意味着荣誉、财富和才华。他终于成了一位声名显赫的主事官，以蓝格德尔贵族的身份坐在上议院中。

人会不会富有，关键就是看在困难面前能不能坚持，坚持下去就是胜利，半途而废则前功尽弃。那些具有非凡毅力、顽强意志的人，凭着自己不屈不挠的执着追求，一定会获得属于自己的财富之路。

耐心之树，结黄金之果

你也许看到过这样的情形：大象们经过一番艰苦的跋涉，好不容易到达每年固定饮水地的时候，因为天气干旱，原来的水源已经干涸了。望着龟裂的河谷，大象们没有怨言，也没有停下来休息，而是继续前进，去寻找新的水源。在一年当中大象寻找水源的时间最长可以达到 10 个月之久。有人说大象太强悍了，可又有谁知道，大象的一生，有大半的时间是靠着坚强的毅力进行跋涉来维持生存的。

财富之路也是这样，一个人获得多大的财富，很大程度上取决于他的耐心和毅力有多大。

拿破仑在率领军队攻打俄国的时候，有一次意外地遭遇到了大批的敌人，不过敌人很显然不知道法国方面有多少部队。而糟糕的是，双方竟在一块平原上遭遇了，很显然硬拼的话，法国肯定不是数倍于己的敌人的对手。

将军们纷纷要求出战，一向对于作战十分狂热的拿破仑竟然下令所有人坚守，任何人不允许乱动，否则以军法处置。

敌军进行了两次试探性的攻击，都被法军击败了，这时候将军们又要求战斗，拿破仑又拒绝了。就这样，双方僵持了 8 天，第 9 天早上，敌人开始撤退，将军们要求追击，拿破仑制止了，直到中午，拿破仑才下令出击，法国军队大胜。

事后，将军们不解地问拿破仑，这样作战的理由是什么。拿破仑微笑着说：

“战争有时候并不是谁的作战能力强就能取得胜利，有时候还要看谁有耐心。除了我们少数的几个人以外，敌人和我们的士兵们都不知道我们的兵力只有敌人的 1/6。

“所以，一开始我下令坚守，一方面我们硬拼占不到便宜，另一方面，可以封锁消息，让敌人不知道我们的深浅，也可以稳定军心。

“后来，我们虽然击败了他们的两次进攻，可是他们的进攻只是试探性的，对他们的主力丝毫无损，也不适合进攻，所以我们还需要继续忍耐。

“后来敌人撤退，一开始我们并不了解是真的撤退还是个陷阱，所以我先派人侦察，原来是他们的补给跟不上，所以坚持不下去了，这才是我们忍耐近 10 天等来的最好战机。”

对于拿破仑来说，这场胜利是他最大的财富。如果拿破仑一开始就盲目进攻，一定会碰得头破血流，如果他逃跑，敌人就会发现法军的数量远不如自己，就会追击，那样也很难幸免。所以，他选择了忍耐，在忍耐中寻找最佳的出战机会，最后终于取得了胜利，彰显了巨大的潜能量。

在忍耐中寻找机会是人生制胜的法宝。当然忍耐并不是说在那段时间里什么也不做，而是不断地为自己积蓄力量，最终达到“不鸣则已，一鸣惊人”的效果。

但是，人们在谈论那些富有的人的时候，总是把他们的富有归功于他们有好的机遇，来为自己没有成就开脱：“如果我也有那么好的机会，我也能成功。”事实真的如此吗？难道说机遇总会在适当的时候毫不吝啬地光顾他们吗？不！是他们懂得用毅力去忍耐，去等待，就像一个果农，在果子还青涩时，他绝不会动手去摘的。他会告诉你：“心急是吃不到热豆腐的。”而那些富有的人，都是很有毅力和忍耐力的。

努力学习，助力成功

学习能大大地节省一个人的时间，就好像想跳跃的人向后退的几步——正是必要的后退提供了爆发的冲力。所以，人要学会静下心来，通过学习来提高自己。

一个大公司的老板常常这样说，一个大学毕业生工作只要两个星期，就可以达到一个工作4年的高中毕业生的水平。当然，过了这两个星期之后，他们的价值差别会以几何级数拉开。这位老板的话固然有点夸大其辞，但它足可以说明：学习是一项可以节省奋斗时间的有利投资。

所以说，一个人在成功之前，必须要通过一定的学习。这样，才能节省奋斗时间。

何映，瘦小的身材，身着一套极普通的便装，脚上踏的是一双已难分辨出是什么牌子的旅游鞋，肩上背着一个大行囊，手里还提着一个印着某公司名称的重重的大纸袋。如果不理会她总是肩背手提的负重样子，单从她梳着的一条随意的“马尾辫”和那张总是带着两个笑窝的稚气的脸上，你可能会认为她是一个打工妹。

但是，你也许不相信，这个貌不惊人、谦和的女孩子竟然成了一家较有名气的外资企业总经理的秘书。更让人不能相信的是，这个只有高中文化水平的女孩子，竟敢面对两位不同国籍的经理——一位英国籍经理，一位法国籍经理。她不仅让他们承认了她，而且有时还能听命于她的“发号施令”。

刚踏入这家公司的时候，尽管好朋友曾劝告她，在外企就职，对于她这样一个只有高中文化水平的女孩子，本来就很艰难了，又要面对两个不同国籍、有着不同文化背景的外国老总，工作难度简直不敢想象。但外柔内刚的何映对越是不可思议的事，越觉得富有挑战性，越是有兴趣。

刚进公司那段日子是最难熬的。总经理们只把她当成个干杂事的小职员，不停地派些零七八碎的事情让她做，同事们也当她是个毛孩子，何映委屈得不知流了多少泪水。但她忍耐着，抓紧一切机会去学习，学外语、学业务知识，寻找着让别人认识自己的机会。

除了把工作做得周到细致外，她还把自己所能见到的各种文件，全部都抢到自己的工作台上，只要有空就去认真翻阅琢磨，了解研究公司的业务。对于外文文件的文字障碍，就不厌其烦地去翻看英文字典、法文字典。时间久了，她对公司的业务可以说了如指掌，为自己进入通畅的良性工作循环做了坚实的准备。

外文水平在不断提高，这种速度令她自己都吃惊不小——业务方面的外文文件看起来盲区少多了。

而作为一个大公司的职员，没有足够的现代知识武装头脑，失去生存机遇的可能性就是百分之百。所以，她给自己制定了严格的学习计划——学习外语，学习计算机。在她的时间表里，休息日的概念早已模糊。在正常的5天工作日，她必须像其他职员一样坚守工作岗位，又需要她为总经理们的活动做好一切安排。为此，她常常都要加班，时间在她那儿已被挤压得没有什么空隙，经常是别人都快下课了，她才急匆匆地赶到，抱歉地向老师打个招呼，就全神贯注地进入了学习状态。就是这样，她还是风雨无阻地坚持着。她常说：“等我有了钱，我会给自己选择一个安稳的、理想的学习环境。”

何映利用这样的学习途径，不仅让自己突破了一个高中生难以逾越的门槛，而且在自己的工作岗位上越来越成绩卓著。如果她只是站在高中生的起点，慢慢攀爬而不注意抓紧时间学习，也许用10年她都难以升到总经理秘书的位置上去。10年的奋斗成果可以用一年的学习换得，不懂得这项交易的人一定是“傻瓜”。所以，学习需要一份坚持，只有这样，才能获得成功。

|第八辑|

抽出时间歇一歇，养好财富的本钱

身体是时间之本！因为生命存在，所以才称得上拥有时间。只有健康的人才能为获取财富和成功花费更多的精力和时间。假如一个人忙坏了了身体，他可能就不会再有时间去忙自己的事业了。所以，不管你有多少事，不管你的时间有多紧，不管你有多忙，你都要抽出时间歇一歇。

把自己从忙碌中释放出来

早晨一睁开眼，紧张忙碌的生活就开始了。人们步履匆匆，总觉得生活充满十万火急的紧急情况。好不容易下班了，可还要把一些未做完的工作带回家去做。而做家务、指导孩子学习，又是一场战斗，忙得腰酸背疼……

日子就这样一天天地过去了。有一天偶尔停下来一想：哦，我已经很长时间没有和妻子去电影院了！上次和朋友一块儿去爬山，多快活呀，那是在三年前，还是五年前？

作为大忙人，我们好像失去了生活的目标，每天都在“与时间赛跑”，好像有一支无形的“枪”在抵着我们的后背，命令我们：“立即做好这件事！”“立即做好那件事！”……我们像可怜的马牛，被无穷无尽的事务驱赶着……

忙碌影响着我们的健康：食欲不振，缺少睡眠，心脏病，高血压，神经衰弱……

我们也淡漠了亲情、友情：挤不出时间常回家看看，更谈不上给爸爸捶捶背、帮妈妈洗洗碗，同样也没有时间带孩子去游乐场玩个痛快……

我们还丢掉了自己的许多爱好和乐趣，例如读书、下棋、散步、体育锻炼……

随着现代科技的发展，我们拥有了电脑、手机、因特网、汽车……我们本以为这些东西可以减轻我们的忙碌，谁知它们又给我们的生活带来了新的忙乱。

手机随时随地能让我们"招之即来"，蜗牛似的网络速度耗去我们本不富裕的时间，汽车的擦洗保养成了双休日的重要作业……我们更忙了，我们也更累了。

英国的一位中年记者这样写道：

尽管人类的身体并没有发生变化，但现代人睡眠的时间却越来越短，而且睡眠质量也在下降。白天的时间被延长，首先是因为有了火，后来是电灯，现在则是玩电子游戏、上网聊天、看电视或繁重的工作。现在的人比 20 年前的人睡眠时间减少了 20%。现在的社会已经变成了一种"24 小时的社会"，一切都在持续不断地运转。

我们真的必须这样忙碌吗？有些事我们不做或放到明天再做行不行？我们有必要把自己搞得这样紧张吗？

有位女士因为应付不了日常生活的忙碌紧张，去看心理医生。她描述了从起床到上班这段时间要做的一系列事，其中有一件事是整理床铺。医生建议她试试两周不整理床铺。她当时很吃惊，但还是接受了这一建议。两周后，她笑容满面，轻快地走进医生办公室。她 40 年来第一次不用整理床铺，结果什么事情都没发生。她说："你猜怎么着，我现在也不把餐具擦得锃亮了。"

世上的事情是无穷的，越干事情会越多。而我们的人生是有限的，这就要我们有所选择地去做事。越能这样找到休闲，生活就会越轻松有趣味。

那位女士学会了选择，她也容许自己不必十全十美。她从忙碌中解放了自己。

难道你也准备在累病了以后才想起“伏枕看青山”吗？为什么不现在就把工作表划掉一部分，给自己留出那些必须留的时间和空间呢？包括每天定时进餐，充足的睡眠，有时间与家人共处，与友人约会，读书，还有其他的种种爱好。

你需要给自己要做的一大堆事情排定一个优先顺序，随时自问：什么才是要紧的事？这将非常有助于你把握正确的生活轨迹。否则，你会发现自己很快又忙乱起来，迷失在一堆杂务之中。知道“什么才是要紧的事”，你就会发现，你现有的某些选择与你既定的财富目标相冲突，你就可以把它们从你的工作表中划去。

美国包登公司的总裁养成了每天走过20条街去他办公室的习惯，他才不急匆匆地坐汽车赶时间呢。联合化学公司董事长康诺尔偏爱原地慢跑，一直保持着标准体重。日本岩田屋的中牟田荣藏总经理每天早晨5点起床，带着扫把和畚箕，打扫自家周围300公尺的道路，他扫了20年的路。他说，这不仅使他身心舒畅，而且和附近的人们建立了良好的关系。东芝电器公司总经理鹤尾勉在公司从不乘电梯而是爬楼梯，以此来锻炼身体，也利用这点时间想想问题。他认为没必要为节约那么几分钟而去坐电梯。

在海外的华侨商人大都有业余玩麻将的嗜好。这不是因为他们好赌，想依靠赌博来赚钱（当然，也不排除有少数赌徒在其中）。他们都有自己的买卖和生意，打麻将纯粹是业余爱好。这对他们而言，至少有3种作用：一是放松身心，“浮生难得半日闲”，以此摆脱激烈竞争的压力；二是联络家人、员工和生意合伙人的感情；三是在打麻将中领悟生意经，麻将桌上，风云变幻，机会稍纵即逝，要从全局出发，深思熟虑，准确判断，把握机会，打出自己的牌。麻将桌可以磨炼他们的判断力和应变力，因此他们乐在其中。他们玩牌却不丧志，很有分寸，极少在麻将桌上一掷千金地豪赌。玩得起，放得下，完全是游戏态度。他们没有把自己变成一天到晚忙忙碌碌的赚钱机器，他们享受着休息，享受着天伦之乐、友情之乐，也享受着游戏之乐。

所以，你要学会从紧张忙碌中把自己解放出来，排解掉紧张工作中无谓的烦恼和苦闷，给自己一个宽松的心境，你会觉得忙起来更有劲头。

累了不妨休息一下

在这个快节奏的社会中，我们每个人都无暇自顾，但至少有一点我们必须而且应该能够做到，那就是注意休息。这不是浪费生命，而是再造生命。

约翰·洛克菲勒保持着两项惊人的纪录，他赚了世界上数量最多的钱财，而且还活到了98岁。原因在于他的两点秘诀。

他的两点秘诀是什么呢？

很简单，一个是遗传，他们家中世代长寿；另一个原因就是他每天中午都要在办公室里睡上半小时的午觉，他就躺在办公室的大沙发上睡觉，这时不论是什么重要人物打来的电话，他都不接。

作为肉体凡胎的人都需要休息，休息好是更好地工作的前提，往往只要短短的一点休息时间，就能很快地恢复体力。即使是5分钟的瞌睡，也至少能支持人1个小时的精神。不仅身体的疲惫要靠休息来放松，精神的紧张同样需要休息来平复。

黄俊就是一个典型的工作狂。他每天只知道工作，大脑里几乎没有休息的概念。由于操劳过渡，几年下来，朝气蓬勃的年轻人看上去像个忧郁的小老头。春节期间，他的好朋友赵志强约他一起去游玩，他却不忘记提着笔记本电脑。赵志强是他大学时的同学，现在是一家公司的部门经理，就好奇地问他提着笔记本电脑干什么，他说有个企划还没有做完。气得赵志强夺下他的笔记本电脑，将他架到车里去。

即使这样，在游玩的过程中，黄俊还是一副没精打彩的样子，总是不时地陷入沉思之中。赵志强对他说："你要注意休息，懂得劳逸结合，你再这样工作，不仅身体垮掉，精神也会垮掉的。"

黄俊听完后笑着说："好多事情要做，我哪有时间休息啊！"

赵志强说："不是有双休日吗？而且国家的法定假期你不都可以休息吗？"

"我是说工作……"

"我的工作比你少吗？"

黄俊不由得愣住了。是啊，赵志强现在是经理，自己还是一个普通职员，他怎么就能从工作中脱离出来，有充足的休息时间呢？

赵志强意味深长地说："你不要以为工作是最重要的，其实，休息一样重要，休息不好是会影响工作的，有时还会适得其反。"

诚然，很多人彻头彻尾地成为工作的奴隶，认为休息不会给工作带来什么益处，他们宁可花时间坐在那里自怨自艾，也不愿意站起来实际行动。

我们需要工作，也需要忙碌。但不是超负荷的工作，忙碌中也要考虑到自己的身体条件，不是以牺牲休息和体育锻炼为代价的不停地忙碌。忙碌也要建立在劳逸结合、劳逸适度的前提下，做自己想做的事、做力所能及的事，做对社会对家庭有益的事。

有效放松并不是浪费时间

高尔基说："世界上最快而又最慢，最长而又最短，最平凡而又最珍贵，最易被忽视而又最令人后悔的就是时间。"

林语堂在工作的时候，是十分严肃的。他有一间书房，在写作的时候，就把门关上，谁也不能打扰。有时因为创作的需要，更是争分夺秒，一连十几个小时都不出来。

但是，他在工作之余，也将一些时间投入到旅行、逛旧书市场、钓鱼、养花等娱乐活动中。他非常推崇清朝诗人张潮所说："花不可以无蝶，山不可以无泉，石不可以无苔，水不可以无藻，乔木不可以无藤萝，人不可以无癖。"

林语堂常说："一个人不会放松是可悲的，一个人不舍得放松，也是可悲的。"

无疑，我们要抓紧一切时间，用来积累将来成功的资本。对普通人来说，时间是个常数，一天就是一天；但是，对勤奋者说来，时间却是个变数——用“分钟”来计算时间的人，比用“小时”来计算时间的人，时间多59倍。

我们的生命就是用时间组织起来的材料。珍惜时间就是珍惜生命，就是对未来的成功负责。然而，将所有的时间毫无保留地倾注到学习和事业中去，就是对成就价值最好的诠释吗?

当我们手捧巴尔扎克的那些尚未完成的作品，在慨叹中猜测故事的结局、哀挽大师只有五十年彗星一般的闪耀时，眼前似乎又出现了他在写作时场景。

才华盖世的巴尔扎克，平均每天工作12个小时以上，常常半夜从梦中惊醒，伏案疾书，连续写五六个小时，直到头昏眼花，腰酸背痛时才充满惋惜地搁笔。他一生写了90本长篇小说，都是在这样争分夺秒中创作出来的。

只可惜，巴尔扎克的躯体早于灵魂先一步衰竭，在他50岁正当厚重沉淀出智慧的年龄，他却仅仅留下了许多没完成的作品，也留下了全人类的遗憾，撒手人间。

凡事过犹不及。从画蛇添足的笑话到北宋初期过分追求雕润密丽、音韵铿锵的辞文没落，从满清后期的“畏夷如虎”到文革时候的“十年之内，赶英超美”，所有遗憾都在昭示着同一个真理——“过犹不及。”

对待时间也同样如此。不将时间当作资源，随意挥洒玩弄的人，迟早要缅怀于“老大徒伤悲”的沉痛惩罚；对时间过分吝啬，天天拖着疲累的身体追赶时间的人，也将陷入“树欲静而风不止”的恶性循环，最终降低他本来应该达到的成功高度。

其实，一个人终身都在耗费多少时间与能够取得多大成功之间博弈。

过于苛责时间，甚至休息都成为一种奢侈，会过度地耗损生命的精力，巴尔扎克的遗憾正昭示了这个真理——如果他能再活20年，我们将重新定位这位法国文学家的伟大；过分放纵时间，让它流水般从指尖、发梢溜走，即便天才如方仲永，也注定白首无为——如果他能有效利用时间，也许在他20岁的时候，即可直追初唐王勃。

由此可见，并不是一味地用努力将时间填满就能取得更大的成功。在谋取财富的路上，我们像林语堂一样，适当地、有效地休息，培养自己的一门爱好，掌握并调整自己的身心状态，争取用最少的时间，做出最成功的业绩。

首先，放松要有效。

将时间用在娱乐中、爱好上，最根本的目的是为了更有效率地利用时间。

在工作中，该放松的时候就要放松。把全部精力都花在事业上，不见得就能成功，把握好关键性的时间段，效果可能更显著。

这就要求我们要学会放松，并且要有效地放松。必要的休闲和放松是为了更好地有效利用，所以要以有效为放松的界尺，能用一个小时就达到有效的目的，就不要花一天的时间，这也是珍惜时间的一个注脚。

其次，放松要适当。

《三国演义》中刘备江东招亲，周瑜为了消灭刘备与自己竞争天下的潜在威胁，采用的办法就是“糖衣炮弹”。他给刘备安排了最舒服的环境，最好的酒宴，最丰富的奇珍古玩，而戎马大半生的刘备果然彻底地放松下来，在声色犬马中忘记了国家大业。玩物者，必丧志。这是一个亘古不变的道理。放松的根本目的是为了取得更大的成功，也可以看作是为将来成功打基础的一个步骤，如果让娱乐妨碍到进取，那就陷入了本末倒置的泥沼。

培养一门爱好是放松的手段，但是如果将爱好变成嗜好，耽误了正常的工作和学习，就得不偿失了；疲惫的时候，休息与娱乐是放松的一个手段，但是如果睡到头昏脑涨，玩到昏天黑地，就顾此失彼了。

我们一定要把握放松的“度”，心中要存着一个大方向。任何形式的放松都仅仅是进取成功的一个辅助手段，而不是主要途径。所以在娱乐休息的时候一定要有时间观念，不能让其影响到我们的财富目标。

人生只有三天，停一停你的脚步

日休禅师曾经说：“人生只有三天，活在昨天的人迷惑，活在明天的人等待，只有活在今天最踏实。今天，你别走得太快，否则，将会错过一路的好风景！”

每天奔走于熙熙攘攘的人群，穿梭于喧嚷繁乱的尘世，强打着精神去应付那无穷无尽的工作琐事、情感烦恼，我们的心渐渐变得麻木了。我们往往无暇顾及心灵的草场，时间久了它会一片荒芜，杂草丛生。我们需要放慢脚步给疲惫的心灵放假，适时调适心情，就犹如一根希望的绳子，能在我们最无助的时候把我们拉出情绪的泥潭。

有一位考古学者去寻找古印度文明的遗迹。他从当地的部落里找了一些土著人背行李，一行人朝着丛林的深处进发。头两天土著人不知疲倦、竭尽所能地赶路。但是到了第三天，土著人停下来不走了。

学者很困惑，找来部落首领问道："为什么要走两天歇一天呢？"年迈的部落首领平静地说："走两天歇一天，是在等我们的灵魂，因为我们的肉体走得太快，而灵魂却跟不上我们肉体的脚步。"

是呀，人哪能没有灵魂呢！我们一定要留下空闲和自己相处，因为它会给我们枯燥的生活增添美丽的色彩，给了我们浮躁的心灵一份真挚的沉淀，也给了我们忙碌的心灵一次反省的机会。

放下对世俗欲念的追求，你会发现身边的一切是那么的美好，你也会感到豁然开朗，原来夜夜有良辰，处处是福地，所以天天是好日子。

在海边一个小渔村的码头上，一个富人发现一个渔夫的小船上有好几条贵重的大黄鳍鲔鱼，富人对这个渔夫能抓这么高档的鱼恭维了一番，并且问要多少时间才能抓这么多？渔夫说，不一会儿工夫就抓到了。富人再问："那你为什么不再多抓一会，这样你就能卖更多的钱？"

渔夫觉得很不以为然，说："这些鱼已经足够我一家人生活所需啦！"

富人又问："那么你一天剩下来的时间都在干什么，不是会很无聊？"

渔夫很惊讶道："不会啊，我呀，每天都会睡到自然醒，然后出海抓几条鱼，回来就跟孩子们玩耍，中午睡个午觉，到了晚上就到村子里喝点小酒，跟朋友们玩玩吉他，唱唱歌，跳跳舞，怎么会无聊呢，我的日子过得充实又忙碌呢！"

这时，富人却不以为然，并给这个渔夫出了一个主意说："我是美国哈佛商学院的MBA，我想我可以帮你的忙！你每天应该多花一些时间去抓鱼，那样你就会有更多的收入了，而到时候你就会有足够的钱去买条大一点的船，这样你自然就可以抓更多鱼，然后再买更多渔船。到最后你肯定能拥有一个渔船队。到那时候你就不必把鱼卖给鱼贩子了，而是直接卖给加工厂，这样你就能挣更多的钱去开一家罐头工厂。并且你还可以到芝加哥，或者洛杉矶，甚至到纽约，在那里扩充企业。"

渔夫笑了笑问："这要花多少时间呢？"

富人回答："15到20年。"

"然后呢？"

富人大笑着说："然后你就可以在家享福啦！只要你愿意，你就可以宣布股票上市，把你公司的股份卖给投资大众。那时候你就发啦！你可以几亿几亿地赚！"

"然后呢？"

富人说："到那个时候你就可以搬到海边的小渔村来享受生活啦。每天睡到自然醒，出海随便抓几条鱼，跟孩子们玩一玩，再睡个午觉，黄昏时，晃到村子里喝点小酒，跟朋友们玩玩吉他啰！"

渔夫笑着说："干嘛这样费劲呢，我现在不就是这样子吗？"

富人匪夷所思……

按照那个富人的规划，渔夫最后一定会赚得盆满钵满，但是鱼和熊掌不能兼得，渔夫在追求钱财这些身外之物的同时一定会丧失心灵享乐的时间。因为人生好比是一匹奔腾的马，如果被拴上了车套，在功名利禄的诱惑下，只顾一味地卖力奔跑，哪还会有时间停下来欣赏路边的花草？

控制好你的“生物钟”

一个月中，一个人的智力、体力、情感有高潮期与低潮期。人的智力周期为33天，体力周期为23天，情绪周期为28天。每个周期都有高潮期、低潮期、临界日。智力临界日时，思路不清。体力临界日时，全身疲乏。情绪临界日时，心烦意乱。3个临界日每年有一次重合，重合时，人便感觉很难把握自己。当3个周期都处于高潮期时，思维敏捷，浑身是劲，情绪高涨，显然这时可以大幅度地增加学习的任务量。

有的专家为了强调“生物钟”的重要，把它说得神乎其神，任何人百分之百要受“生物钟”摆布。但对自制力强、目光远大的优秀人士来说，“生物钟”的周期律基本不起作用，尽管他们也能感觉到一点，但自己完全可以控制住，即使在3个临界日重合的时候，他们参加考试也照样能答出好成绩。那些意志不坚强、情绪不稳定的学生受“生物钟周期律”的影响就比较大，有的甚至非常大。他们特别担心临界日的到来，结果这种担心，输入了潜意识，等于加强了临界日的能量。

“生物钟周期律”对人有一定影响，我们应因势利导，在高潮期时，增加任务量，提高效率。低潮期时，保持正常的任务量，做好充分的心理准备，防患于未然。

英国还有人测出1天24小时内，人的大脑有4次“黄金时刻”：第一次是早4时至6时大脑清醒，是学习的最好时刻。上午9时至11时，脑由抑而扬，注意力强，记忆力好，联想力佳，是第二个黄金时刻。下午5时至7时，人的嗅觉的灵敏度达到最好状态，脑力、体力、耐力又进入一个高峰时期，这是第三个黄金时刻；晚上8时至9时，脑力又处于活跃时期，是一天中第四个黄金时刻，可以从事各种创造活动。但什么东西都有其特殊性。这一“黄金时刻”定律也并非人人如是。

人一天中有几个黄金时刻是一定的，摸准了自己的黄金时刻在哪几段时间，定计划时将较深、较难的事放在这段时间完成，会明显提高做事效率。

有的人喜欢早起，属于“百灵鸟”型，早晨背得快，解题思路也敏捷。早晨1个小时，比晚上两个小时做的事还多。也有的人，喜欢秉烛夜战，属于“猫头鹰”型，晚上背东西特别快，你让他早起，他情绪就不高，起来以后头昏脑涨，背1个小时，还赶不上晚间背20分钟。

每个人的最佳时间即精力最旺盛、思维最敏捷、情绪最高涨的那段时间是不一样的，每个人要根据自己的实际，找准自己每天中的最佳时间，保证这段时间不受干扰，给这段时间安排较多的工作任务，安排最艰难、最困难的工作内容。

上海市少云中学有一位女同学叫李楠，初中毕业后，只用了3个月时间，就在教师的指导下，自学了高中阶段的主要课程，而且以优异的成绩考上了清华大学。她是如何利用时间的呢？

李楠说：“时间对我们说，是十分珍贵的，它分秒不停地、无情地消逝。为了在短时间内抓出学习成效，将两年的功课在3个月内完成，就要在如何使1秒变成2秒、3秒、4秒上下工夫。时间是拉不长的，无论你有多大的气力。但是，使之‘以一当十’的办法是有的，就是提高单位时间的学习效率。提高效率的诀窍有两个：一是集中精力；二是合理安排时间。所谓集中精力，就是在学习时，要特别专心，把注意力统统放在学习、钻研问题上，而将其他无关的东西统统赶走。否则，看样子你是在看书，实际上却心不在焉，结果什么收获也没有，那怎么会有效率呢？合理安排时间，也可以出效率……

"每天早、中饭前，我背背公式，想想定理，把中心问题、章节要点看看。上午一般看教科书、参考书；下午做题，到四五点钟时，找点综合性的难度较大的题做。累了，看看别的内容，换换脑筋。晚上，再看书。3个月中前一段，我是该学习就学习，该玩就玩，该看电视就看电视，该锻炼身体就锻炼身体。精力充沛，记忆力好，学习效果好。后一段，全天从早到晚学习，效果并不比前段好，因为精神疲劳，不集中，欲速则不达。合理地掌握最佳学习时间，安排学习、休息、娱乐、锻炼对自学太重要了。"

李楠的成功在于她已经掌握了自己的生物钟并在此基础上做好了学习计划。参照计划执行，当然会事半功倍。有的人可能生物钟与常人相反，他们的最佳学习时间可能是夜深人静的时候。所以，在课堂上他们经常会萎靡不振，昏昏欲睡。一到晚上就精力充沛，思路清晰，这样的人被称为"夜猫子型"。对于这样的人，他们的最佳学习时间就是晚上。

生物钟的形成其实是一个人长期作息习惯的结果。对于"夜猫子型"的人而言，在学校里读书没有很好的自学能力，无疑是一种重大的损失。因为白天老师讲课的时候，他们吸收不了多少知识。

有鉴于此，建议这种类型的人充分利用自己的自制力，养成有规律的作息习惯，控制好自己的生物钟。

即使是机器也需要休息

常常会看到有的人高度紧张，恨不得把所有的时间都用来学习。别人休息的时候他学习，别人吃饭的时候他也在学习，似乎他是这个世界上最勤奋的人。然而，考试成绩出来之后，他却不如那些看起来经常玩的人。所以，成绩不是磨出来的，是要靠效率来成就的。你不是机器，即使是机器也需要休息，何况你是人。根据生理规律，劳逸结合才能提高效率，学出好成绩。这与珍惜时间并不矛盾。

俗话说："磨刀不误砍柴工。"研究表明，劳逸结合更能提高学习效率。现在很多高三的同学为了考上大学，真是做到了惜时如金：早上 5 点钟左右就开始学习，晚上加班加点开夜车，课堂学、课间学、吃饭时间还在学……这种精神着实令人钦佩不已，但不值得提倡。因为，人是活生生的人，不是工厂里的机器。大脑需要充分的休息，而不能超负荷运转。如果没有足够的睡眠和休息时间，无疑会导致大脑疲乏，精力不集中，接受或反馈信息的能力也会大大减弱。在高考复习阶段，各种知识、各种讯息每天都空前频繁地刺激着我们的大脑神经，如果大脑疲乏就会使我们反应迟钝，使记忆、反馈速度下降，实际上是时间用的不少，成效却不显著。因而我们不能盲目追求复习时间的绝对值，而应着力提高时间的利用率，即在精力充沛的情况下学习，这样我们的时间利用才是合理而有效的。

睡眠是十分重要的。人的生命有1/3是在睡眠中度过的。人需要睡眠就如同需要空气、阳光、水和食物一样。有人用狗做过一个实验。他用两只狗进行对比研究，那两只狗，同样岁数，大小、胖瘦也没有多大差别。一只狗只给水喝，不给东西吃，但是让它睡觉；另一只狗给水喝，给东西吃，就是不让它睡觉。这样，那只没法睡觉的狗只活了5天，而不吃东西的那只狗，二十几天都没有死掉。这说明，睡觉比吃饭喝水还重要。

我们知道，人或生物的全身是一个整体，各个部位所以能和谐地运动，全靠中枢神经系统的调节。神经细胞不能繁殖，但它们的寿命却很长，有的甚至同人的寿命同样长。它所以能够生存下来，是由于神经细胞内部能产生原生质的生化更生。神经细胞活动时即兴奋期间，消耗神经细胞内的物质；当它处于抑制状态时，它们能通过生化更生恢复物质，消化血液中带来的养分。如果兴奋状态持续下去，失去的物质得不到补偿，神经细胞就会死亡。所以神经细胞的工作能力具有一定限度。当我们学习到一定时间，就必须休息、睡觉，否则就会出现疲劳、头昏脑涨和食欲不振等现象。而休息和睡眠，则有助于恢复大脑的工作状态，使之再次高度兴奋起来，投入工作。

德国物理学家赫兹发现，巧妙的设想不是在精神疲惫或是伏案工作的时候，而往往是在入夜酣睡之后的早上产生。大工程师布林德利每当遇到难题时，就一连几天睡大觉，直到解决为止。苏格兰诗人和小说家司各特说："我的一生证明，睡醒和起床之间的半小时非常有助于创造性的任何工作。期待的想法，总是在我一睁眼的时候大量涌现。"

专家说："有两种不同的'勤奋'。有的人一边打瞌睡，一边要求自己刻苦坚持。头悬梁、锥刺股，精神实在可嘉，但方法欠妥。

真正的勤奋者注意效率。”读书要勤奋，这是毋庸置疑的，但凡事都有个限度，超越限度，就会走向反面。如果勤奋而不注意睡眠和休息，不仅不能提高学习效率，反而会影响身体健康。孔子的得意门生颜回，是个很“好学”的不惰者，人也很聪明，能“闻一以知十”，但他不注意身体，29 岁头发都白了，31 岁就短命死了。唐朝著名文学家韩愈年轻时，“口不绝吟于六艺之文，手不停披于百家之编”，到了“年未四十，而视茫茫，而发苍苍，而齿牙动摇”。所以，我们应当把时间安排好，该学习的时候学习，该休息的时候休息。

为了合理地安排好睡眠，除了应选择安静的环境和舒适的床、枕、被褥外，还应注意以下几点：一是睡前不要喝浓茶、咖啡等含有兴奋剂的饮料，不宜进行运动量大的体育锻炼，不去想那些容易引起激动的人或事，尽可能让大脑逐渐由兴奋转入抑制状态；二是睡前做一些利于入眠的活动，如到屋外放松肌肉，散步 20 到 30 分钟或打一会儿太极拳，用热水洗洗脚、听听音乐等，使它们形成催眠的条件反射。

把一天的工作、学习、锻炼交错进行安排，可以提高效率。这是因为大脑细胞长时间接受一种信息刺激、长时间持续同一个活动内容，会导致工作效率降低。如果穿插进行其他内容的活动，人体原有的兴奋产生抑制，在其他部位出现新的兴奋区。为此，注意及时变换工作内容是必要的。例如，马克思写作时从来不是无休止地持续下去，写作累了，就演算一会儿数学题，或停下来散散步，或背诵一段莎士比亚剧本中的人物对话，读一会儿巴尔扎克的名著，或者和孩子们玩上一会儿。接着又精力充沛地投入写作。

不会休息的人就不会工作。同样不会休息的人就不会学习。珍惜时间学习的实质意义应该是有效地利用时间，在单位时间内获取更多的知识，而不是搞疲劳战。

把生活安排好，你可以忙里偷闲

女人说：“我太忙，没有时间来约会。”老板说：“我太忙，没有时间听员工的建议。”妈妈说：“我太忙，没有时间陪孩子去动物园。”丈夫说：“我太忙，没有耐心再听你倾诉。”……每个人都忙得团团转，于是结果是，女人错失了花前月下的浪漫，男人在相思中痛苦；老板继续着他的忙碌，而员工因失意而苦闷；妈妈因拒绝而多了一份遗憾，而在儿子心中有了埋怨；丈夫多了一份烦躁，而妻子又添加了一丝伤感……每个人的不快，都源于一个“忙”字。

人生在世，不能不忙，也不能没有闲暇。学会忙中偷闲，善于忙中偷闲，才能沿着人生的阶梯不断进步，才能不至于耗尽所有的精力以致油尽灯灭。忙中偷闲是一个人在忙碌之后放松心情、补充能量的方式。

很多名人好像有使不完的精力，他们总是不知疲倦，他们总能以旺盛的精力去应对各种意外事故和突发事件。

英国首相丘吉尔就是一个典型的例子，他能以旺盛的精力工作到 60 多岁，就是因为他善于忙中偷闲。

丘吉尔出任首相时，正是第二次世界大战期间，国家正处于生死存亡的关键时期。一个古稀之年的老人每天要工作 16 个小时，这么长的工作时间，即使是年轻人也很难保持旺盛的精力，那么丘吉尔的秘诀在哪里？他到底怎么休息呢？其实丘吉尔的生活非常有规律，不管桌案上有多少公文要处理，他每天都有几个固定的时间休息放松，吃完中午饭，他会睡上一个小时；6点到8点钟休息两个小时，起来后吃晚餐；然后工作到深夜后休息。按丘吉尔的话说，他不需要消除疲劳，因为他不会让疲劳在他身上产生，他提前预防了疲劳。

环球电信公司的总裁亨得利也是一个忙中偷闲的能手，不管工作有多繁忙，不管谈判有多紧张，只要有空闲，他都会出去散步，去欣赏自然界中的花草树木。即使是在全世界电信行业高峰会议上，当别人都在忙得焦头烂额时，他也会有时间和闲情雅致在度假村的湖边散步。

有人不解，问亨得利："平时看你悠闲自在，但是一到谈判的时候，总能精神百倍，咄咄逼人，你有什么秘诀吗？"

亨得利笑笑说："要说秘诀的话，那就是忙中偷闲。忙中偷闲可以让我的身体和大脑得到充分的放松和休息，这样我就可以精神百倍地迎接工作中的挑战。"

上帝之所以赐予我们白天和黑夜，就是要让我们在辛苦了一天之后得到充分的休息，回归夜晚的宁静，让自己得到彻底的放松。经过一夜的养精蓄锐，我们才能在第二天精神饱满、神采奕奕地迎接新一天的开始，创造新一天的奇迹。

龟田秀子在忙碌了大半年之后，终于得到了一个月的假期，她没有像其他同事那样整天泡在家里看电视，或者隔两天找上一堆朋友东游西逛，而是去了一家茶艺馆专门学习茶艺。

以前在工作的空余，龟田秀子也曾看过一些介绍茶艺的书籍，现在假期开始了，她就借此机会专心学习。学习茶艺是一件辛苦的事情，在茶艺馆学习期间，大部分的时间是动手操作，在书本里学到的基本知识已远远不够用。龟田秀子认真向师傅学习茶叶的识别、冲泡等，并且留心积累实践中的经验，很快就进入专业的状态。

一个月以后，她又投入到了繁忙的工作中，但是她每天都会抽出时间泡茶、观茶、品茶。当她以娴熟的手法沏茶，以优雅的姿态品茶，都给人以一种清新恬静的享受。

很难想象，她以前还是一个急躁、忙碌的职场女强人，现在她恬静的面孔微笑着，给人一种可亲的感觉，就像是温婉的邻家姑娘。

不管你的工作有多么繁忙，只要你合理地安排好时间，就能够劳逸结合，在百忙之中抽出一些时间来休息。人不是陀螺，转得久了，只会让自己晕头转向，影响工作。只有休息好了，才能在第二天精神饱满、神采奕奕地迎接新一天的开始。

在工作与休息之间寻找平衡

对于休息和工作，不同的人有不同的看法。有些人认为，时间很宝贵，为了在工作上获得更高的成就，应该争分夺秒地工作；而有的人却认为，会休息才会工作，休息与工作应该合理安排。

持有前一种观点的人，在工作上非常努力，人们经常把这一类人称为工作狂。而持有后一种观点的人，会分配一些时间在休息和娱乐上。他们认为，过度的工作不但会对身体健康造成不良影响，还会对工作产生消极影响，使工作效率低下，决策产生失误等。因此，他们认为与其因为过度工作对身体造成负担而妨碍下一步工作，还不如调节好工作和休息时间，保持自己的身体健康，也让自己更有效地工作。

心理学家在研究人们的自我控制和休息之间的关系时发现，自我控制过度导致的意志力耗竭状态会造成个体智力水平暂时下降，认知任务的完成质量降低。因此，心理学家建议人们合理地调节自己的工作与休息。

在对自我控制的研究中，心理学家发现意志力会在自我控制过程中逐渐被消耗。所以，当个体在完成一些需要自我控制的任务之后，意志力就会处于一种耗竭状态。当个体意志力处于耗竭状态时，个体对自己各方面的控制力会下降，在很多方面的表现都会变差。在近期的研究中，心理学家发现，自我控制过度时，个体的智力表现也会变差。

2003年，心理学家迈歇尔发表了一项他的研究结果，指出当个体的意志力资源耗竭时，个体的认知加工能力下降，显示出的智力水平会降低。

实验者先是招募了一些被试者，并将他们随机分成两组：实验组和控制组。然后，实验者要求实验组的被试者完成一些会消耗意志力资源的自我控制任务。而控制组则没有。实验者的目的在于让实验组的被试者在参加下一个任务的时候，意志力处于耗竭状态，而控制组的被试者则处于正常状态。

当实验组的被试者完成自我控制任务之后，实验者让被试者完成13道从CRE测试（美国研究生入学考试）中抽取的解析题。实验者告诉被试者，他们完成题目的时间只有10分钟。假如10分钟之后，被试者依然没有完成题目，那么实验者将强行结束任务。

最后，实验者对两组被试者的解答进行评分，并进行对比。结果实验者发现，相对于控制组的被试者，实验组的被试者答题的正确率明显偏低；意志力处于耗竭状态的被试者的答题正确率低于意志力处于正常状态的被试者。

根据实验结果，实验者得出：意志力的耗竭，导致个体认知任务的完成质量明显下降。

心理学家对实验进行分析，认为意志力的耗竭会使个体显示出来的智力成就水平下降，从而导致个体在完成对智力有要求的任务时，任务的完成质量降低。

从实验的结论和心理学家的观点来看，当意志力处于耗竭状态的时候，是不适合进行认知任务的。在学习或者工作中，常常需要个体用意志力控制自己抵制某些欲望（比如休闲欲、交往欲、睡眠欲等），拒绝诱惑，控制自己坚持学习与工作。因此，学习和工作不仅仅是一个消耗体力的过程，还是一个自我控制的过程。

从上述实验可以知道，当个体的意志力耗竭时，个体的认知任务的完成质量就会下降。而学习和工作一般都是与智力相关的认知活动。因此，当学习或工作过度时，其效率一般也会下降。由此可知，当意志力耗竭时，我们不应该再继续完成某些和智力相关的任务，而应该适当地休息，使自己的状态尽快得到恢复。

首先，我们应该合理安排工作和休息的时间，这样可以避免自己陷入意志力耗竭状态。其次，我们应该合理安排工作任务，不要将重要的认知任务放在意志力耗竭时进行。我们可以先将一些难度比较大、比较重要的工作任务安排在状态好的时候进行。然后再将剩下的工作任务，按照紧急和重要性安排在剩余的时间里进行。这样，不但可以调节自己的工作状态，还可以在有限的时间内，把事情做得更好。

合理安排时间让生活更轻松

每一个杰出的人，都善于把握时间、运用时间，在最短的时间内做最多的事情。美国一所大学的科研人员对3000名大学生做过调查，发现凡是成绩优秀的学生都善于安排时间。有时，成功与否的界限就在于怎样分配和利用时间。许多人往往认为，不过是几分钟、几个小时的时间嘛，有什么了不起，实在不行明天再去做。但是，这就是杰出者与平庸者对待时间态度上的根本差异。

科学安排时间的能力，是一个成功人士必备的基本素质。可许多人觉得，提高效率没有错，但不能不顾条件和环境制约，主张一切“慢慢来”。明明三下五除二就可以解决的问题，到了某些人手中却非得拖个少则几天，多则半年，使许多事情事倍功半，究其原因，在于许多人心中缺乏时间概念，没有一个明确而高效的工作方式、方法。时代已进入到市场经济、信息时代，任何陈旧的想法都应当主动抛弃。现代社会的竞争是能力的竞争，是学识的竞争，也是效率的竞争。只有懂得合理安排自己时间的人，才有可能在效率上胜人一筹。

对于从事体力劳动的人来说，如果休息时间多的话，工作效率也会很高。

弗雷德里克·泰勒，在贝德汉姆钢铁公司担任科学管理工程师的时候，就曾以事实证明了这个道理，泰勒选了一位名叫施密特的先生，让他按照马表的规定时间来工作。有一个人站在一边拿着一只马表来指挥施密特："现在拿起一块铁，走……现在坐下来休息……现在走……现在休息。"他曾观察过，工人每人每天往货车上装大约 12.5 吨的生铁，而且中午时就已经筋疲力尽了。在对所有产生疲劳的因素做了一次科学性的研究之后，泰勒认为这些工人不应该每天只运 12.5 吨的生铁，而应该每天运到 47 吨。照他的计算，他们应该做到目前成绩的 4 倍，而且不会疲劳，只是必须要运用合理的方法，这种方法就是一边休息，一边工作。

结果可想而知，别的人每天只能装运 12.5 吨的生铁，而施密特每天却能装运到 47 吨生铁。而且弗雷德里克·泰勒在贝德汉姆钢铁公司工作的 3 年里，施密特的工作效率从来没有降低过，他之所以能够做到，是因为他在疲劳之前就有时间休息：每个小时他大约工作 26 分钟，而休息 34 分钟。他休息的时间要比他工作的时间多——可是他的工作成绩却差不多是其他人的 4 倍！

有句话说得好："从一点一滴的小事可以看出一个人未来的发展。"一个人要做点事，成就一番事业，没有好的习惯是不行的。严格遵守作息制度，可以使我们在学习时集中精力，因而提高效率。因此，生活有规律对学习、工作和保护神经系统以及整个身心健康都很有益处。

良好的作息习惯，意味着要顺应人体的生物钟，按时作息，有劳有逸；按时就餐，不暴饮暴食；适应四季，顺应自然；戒除不良嗜好，不伤人体功能；尤其要保持足够的睡眠，保证每天有一定的体育锻炼时间。

人类的生活，有许多生理现象都要受到自身存在的一种与时间因素有关的物质的控制。这种物质与日常的钟表有着类似的作用，被称为“生物钟”。人体生物钟是一种复杂的生理过程，由松果体来“指挥”。松果体是脑内一个豌豆大小的腺体，分泌的激素叫松果体素（也叫退黑激素）。生物钟紊乱，松果体素极度减少和丧失正常节律，将造成体内许多生理功能的紊乱，出现疲劳、睡眠障碍、内分泌失调、免疫功能下降，损害健康甚至发生疾病。

如果能根据人体的这一生物钟安排作息时间，使生活节奏符合人体的生理自然规律，就可以保持充沛的精力，不容易得病。

不同的人，其生物钟的规律也不一样，大致分三类：昼型、夜型、中间型。但对于我们来说，正处在身心发展时期，不管生物钟是什么类型，都应当取得这样一个共识：上午 8 点开始，要进入学习，白天的学习任务安排得满满当当。如果过分强调夜型特点，非通宵达旦学习不可，等太阳升起来，你却要倒床睡觉了。所以我们不应该过于强化自己的生物钟类型，而应该适应学习的规律。

拿破仑·希尔到麦迪逊广场花园去拜访参加世界骑术大赛的骑术名将吉恩·奥特里。他注意到奥特里的休息室里放了一张行军床，“每天下午我都要在那里躺一躺，”吉恩·奥特里说，“在两场表演之间睡 1 个小时，”他继续说道，“当我在好莱坞拍电影的时候，我常常靠坐在一张很大的软椅子里，每天睡两次午觉，每次 10 分钟，这样可以使我精力充沛。”

时间既不可逆转，也不能贮存，是一种不可再生的特殊资源，它的有限性决定了你必须很好地规划它，做到有效利用才能让它发挥最大效力。你生存的价值和境界就体现在你利用时间取得的成绩中。所以请不要忽视这个看不到、摸不着的东西。